Inspiration Christentum

Roland Breitenbach

PILGERN

HERDER spektrum

Band 6061

Das Buch

Was bringt einen Menschen auf den Weg? Diese Frage stellt man sich nicht nur als Pilger. Sie entsteht in den Menschen, die einen Pilger sehen, ihn vielleicht sogar beherbergen und auf einmal etwas in sich spüren, was sie nur mit dem Wort Sehnsucht beschreiben können. Weil immer mehr Menschen die Erfüllung ihrer Sehnsucht in ihrem Leben schmerzlich vermissen, hat das Pilgern so viel neues Interesse gefunden, nachdem es in Europa nahezu vergessen war. Doch die Gefahr ist groß, dass über der Aktualität der Pilgerfahrt die Spiritualität des Weges verlorengeht. Roland Breitenbach erzählt von dieser spirituellen Tiefe des Weges, der dem Menschen in seiner Symbolhaftigkeit Sinnbild für seinen Lebensweg werden kann. Und er macht deutlich, dass nicht zuletzt gerade für Christen alles Unterwegssein immer auch eine Nachfolge in den Spuren dessen ist, der ihnen auf ihrem Weg vorausgegangen ist: Jesus von Nazaret.

Der Autor

Roland Breitenbach, geboren 1935, ist den Jakobsweg gegangen und arbeitet als Pfarrer in Schweinfurt. Über die Stadt hinaus ist er bekannt für »andere« Gottesdienstformen, zum Beispiel für Biker oder Ehepaare.

Roland Breitenbach

PILGERN

Den eigenen Weg finden

HERDER

FREIBURG · BASEL · WIEN

Originalausgabe

www.herder.de

Umschlagkonzeption und -gestaltung:
Weiß-Freiburg GmbH, Graphik & Buchgestaltung
www.weiss-freiburg.de
Umschlagmotiv: © mauritius images GmbH, Frankfurt am Main

Layoutkonzept: tiff.any GmbH, Berlin
Satz: tiff.any GmbH, Berlin
Herstellung: fgb · freiburger graphische betriebe
www.fgb.de

Gesetzt aus der Linotype Janson Text Standard
Gedruckt auf umweltfreundlichem, chlorfrei gebleichtem Papier
Printed in Germany

ISBN 978-3-451-06061-8

Inhalt

Einleitung

Genau zwanzig Jahre sind es jetzt her. Am Jakobustag 1989 machte ich mich auf den Weg, quer durch Frankreich und durch Spanien bis zum »Grab des Apostels« in Santiago de Compostela. Als Pilger war ich unerfahren; die Wallfahrten meiner Heimat liebte ich nicht allzu sehr. Sie waren mir einerseits zu »fromm«, andererseits zu hektisch. Für Besinnung und Meditation gab es dort wenig Raum.

In der Pilgerfahrt, die damals noch ziemlich unbekannt war, suchte ich in der Mitte meines Lebens einen neuen Weg. Schon deswegen stellte ich keine großen Überlegungen an und bereitete mich nicht aufwendig auf das Unternehmen vor. Ich ging einfach los. Für fast sieben Wochen nahm mich der Weg auf seinen 1500 Kilometern gefangen. Er führte mich ein in die Pilgerschaft. Es galt, das Heute zu leben, sich nicht zu sorgen, wo man am Abend schlafen könnte, nicht an das Morgen zu denken. In der Tat: Der Weg hatte alles bereit, was ich brauchte. Für Essen und vor allem für das Trinken bei der großen Hitze dieses Jahres war immer gesorgt. Irgendwie tat sich fast jeden Abend eine Tür auf. Und wenn nicht, boten ein Baum und ein weicher Rasen das Nachtquartier in absoluter Dunkelheit. Es war in diesen Nächten im »Tausend-Sterne-Hotel« spannend, die Sprache des Waldes zu vernehmen und dabei die Gedanken und Pläne loszulassen, bis der Schlaf wie ein zartes Geschenk gekommen war.

Für mich galt es, das Leben zu teilen: in die Zeit vor dem Weg und in den Rest meines Lebens nach dem Weg. Die

Pilgerfahrt lehrte mich das Stillwerden, die Achtsamkeit, das Loslassen und die Gelassenheit. Geschenke, die mir nach Jahrzehnten noch guttun.

Weil immer mehr Menschen genau das in ihrem Leben schmerzlich vermissen, hat das Pilgern neues Interesse gefunden, nachdem es in Europa nahezu vergessen war. Doch die Gefahr ist groß, dass über der Aktualität der Pilgerfahrt die Spiritualität des Weges verloren geht. Pilgern – das lässt sich nicht einfach wie eine Sportart betreiben. Wer die Pilgerfahrt wie eine Art Marathonlauf sieht, wird das gesetzte Ziel vermutlich erreichen, aber nicht bei sich selbst angekommen sein.

Spiritualität ist ein geistlicher Weg: auf der Suche nach Gott und der Bedeutung Gottes für das Leben. Je mehr bei dieser Suche Gott erfahren wird – das ist mehr die Sache des Herzens als des Kopfes –, übernimmt der spirituelle Mensch Verantwortung für die Welt und die Menschen in ihr. Wer sich gefunden hat und deswegen loslassen kann, also frei wird, wendet sich den Freuden und Nöten seiner Mitmenschen zu. In der christlich gelebten Spiritualität wird das »Leben in Fülle« erfahren, wie es Jesus Christus verheißen hat. Es erfüllt sich in Liebe und Gerechtigkeit, in Frieden und Verantwortung, in Toleranz und Achtsamkeit, in unaufdringlicher Frömmigkeit und damit in der glaubwürdigen Verkündigung der Frohen Botschaft vom entstehenden Reich Gottes schon in dieser Welt.

1 Den Himmel erden

Ein Pilger fand in einem Kloster Aufnahme.
Ein Mönch hatte seine Zelle,
die nur mit einem Bett,
einem Tisch und einem Stuhl ausgestattet war,
für die Nacht zur Verfügung gestellt.
Der Gast sah sich um:
»Wo habt Ihr Eure Sachen?«
»Das ist alles, was ich brauche,
mehr habe ich nicht.«
Dann fragte der Mönch zurück:
»Wo habt Ihr Eure Sachen?«
»Ich bin unterwegs«, meinte der Pilger.
Der Mönch lächelte: »Ich auch.«

(Alte Überlieferung)

Pilgern mit leichtem Gepäck

Urplötzlich stand er eines Tages vor meiner Tür. »Los geht es! Kommst du mit?« Fragend sah ich ihn an: »Wohin?« Er stellte seinen bescheidenen Rucksack in die Ecke und meinte: »Nach Osten, nach Westen, wie es dir passt.« Diese Nacht blieb er bei mir. Er machte nicht viele Worte, auch am nächsten Tag nicht, als er die Wasserflasche füllte und nach seinem Stecken und dem Rucksack griff. Als der Gast in meinem Traum entschlossen, aber doch mit leichten Schritten wegging, sah ich ihm lange nach. Da war sie wieder, die Sehnsucht, die von Zeit zu Zeit in mir aufstieg und die immer noch unerfüllt blieb. Denn es galt zuvor noch manchen Strick zu durchschneiden und manches Seil zu lösen, um frei zu werden. Alles beginnt mit dem ersten Schritt, doch dieser erste Schritt ist der schwerste von allen, denn alle anderen Schritte sind nur die Folge.

Mein Gast im Traum ging mit leichtem Gepäck, so wie ich mir meine Pilgerfahrt ausmalte. Der Mensch unterwegs braucht nicht viel. Die Pilgerdarstellungen aus alter Zeit gleichen dem modernen Wanderer zwischen den Welten: Mantel, Stecken, Trinkflasche, einen Brocken Brot. Das allernötigste an Kleidung und ordentliches Schuhwerk. Alles andere hält der Weg bereit. »Man muss den Menschen doch die Gelegenheit geben, Gutes zu tun«, meinte ein Pilger, der in meinem Haus zu Gast war, beim gemeinsamen Abendessen. Schmunzelnd griff er zu Gabel und Messer und ließ es sich schmecken.

Der Mensch ist ein Nomade geblieben. Die Notwendigkeit, ja der Zwang, ständig unterwegs zu sein, um Nahrung und Unterkunft zu finden, steckt ihm noch immer im Blut. Die Natur hat uns vorgegeben, drei bis vier Stunden am Tag zu laufen. Ein Maß, das heute viele Menschen nicht mehr erfüllen wollen oder können. Von dieser natürlichen Vorgabe stammt sicher die Unruhe nach dem Weg, die wir als Menschen auch heute noch so oft spüren. Von Zeit zu Zeit kommt in uns eine tiefe Sehnsucht auf, alles hinter uns zu lassen, auf den Weg zu gehen, neue Erfahrungen zu machen. Manchmal steht diese Sehnsucht auf dem Kopf: Wir fallen als moderne Menschen in Rast- und Ruhelosigkeit, weil wir nicht mehr richtig gehen.

Wer sich bewegt, wer läuft, entspricht dem Zeitgeist. Was zunächst wie ein Widerspruch klingt, signalisiert eine gewisse Einsicht: Bewegung ist Trumpf. Dabei geht es vor allem um die Gesundheit. Eine aufwendige Ausstattung für den Wellness-Trip ist zwingend notwendig. Wer sich ohne das moderne

»Zeige mir, wie du gehst, und ich sage dir, wie es dir geht. Zeige mir, wie du stehst, und ich sage dir, wie es um dich steht.« (Pilgerweisheit)

Outfit auf die Straße begibt, wer die ausgeklügelten Bewegungsabläufe nicht kennt, kann nicht mitreden, er liegt nicht im Trend. Wir bewegen uns heute meist weder spontan noch achtsam, sondern nach einem Lehrbuch oder den Anweisungen der Ausstatter.

Ganz anders der Pilger. Er macht sich einfach auf den Weg; er geht einfach. Einfach in jeder Hinsicht: Er will sich nicht mit Vorgaben irgendwelcher Art belasten. Er geht auf den Weg. Er will seinen Weg gehen. Im Gehen erkennt er die Wahrheit. Die Wege entstehen, wenn wir sie gehen. Wie ein Endlosband wird der Weg aufgenommen und mit dem nächsten Schritt losgelassen. Zwölfhundert Mal pro Kilometer.

Das Wesentliche ist einfach. Auch die Lebensregeln für einen Christen lassen sich leicht an den fünf Fingern einer Hand abzählen. Bei näherem Zusehen erweist sich alles, was darüber hinausgeht, als überflüssiger Ballast. Christen reisen mit leichtem Gepäck. Das ist ein wichtiger Hinweis für ihr religiöses Leben, das weniger von Lehrsätzen, Dogmen und Katechismusartikeln bestimmt sein sollte.

Jesus wollte nicht nur die Menschen seiner Zeit vom religiösen Ballast befreien. Er warnte sie auch davor, sich nicht allzu große Sorgen zu machen. Als Jesus auf seinem Weg bei den Geschwistern Marta und Maria gastfreundlich aufgenommen wurde, hörte Maria Jesus zu, während ihre Schwester sich Mühe gab, den Gast – vermutlich mit seinen Jüngerinnen und Jüngern – zu versorgen. Ihr sagte er: »Marta, du machst dir viele Sorgen und Mühen. Aber nur eines ist notwendig. Maria hat das Bessere gewählt, das soll ihr nicht genommen werden« (Lukas 10,40.41). Auch unter den Bildern von Blumen und

Spatzen rät er zu mehr Gelassenheit und Sorglosigkeit: »Was sorgt ihr euch um eure Kleidung? Lernt von den Lilien, die auf dem Feld wachsen: Sie arbeiten nicht und spinnen nicht. Doch ich sage euch: Selbst Salomo war in all seiner Pracht nicht gekleidet wie eine von ihnen« (Matthäus 6,28.29). »Verkauft man nicht zwei Spatzen für ein paar Pfennig? Und doch fällt keiner von ihnen zur Erde ohne den Willen eures Vaters«

Das Wort **Pilger** *leitet sich vom lateinischen Wort »Peregrinus« ab und heißt so viel wie »Fremder«.* **Pilgern** *heißt also als Fremder in der Fremde unterwegs zu sein. Pilgern als das Aufsuchen heiliger Stätten aus religiösen Gründen kennen die Traditionen aller Religionen. Waren es zunächst eher Naturheiligtümer, zu denen man sich auf den Weg machte (beispielsweise heilige Bäume, Höhlen oder Erdspalten wie im Heiligtum der Griechen in Delphi), entstanden später an diesen Orten meist große sakrale Bauten wie Tempel, Moscheen und Kathedralen. Oft sind aber auch Heiligtümer an Orten, die mit dem Leben und Wirken der Religionsstifter in enger Verbindung stehen, Ziel der Pilgerschaften, wie beispielsweise Mekka als der Geburtstort des Propheten und Gründer des Islams, Mohammed, oder Benares (heute Varanasi) als heiliger Ort des Buddhismus, weil Buddha als der Gründer des Buddhismus hier seine erste öffentliche Rede hielt, in der er seine Lehre erstmals darlegte. In diesem Sinn sprechen die Christen von einer Wallfahrt ins »Heilige Land«, also Israel, bei der sie auf den Spuren von Jesus die Orte besuchen, die auch er zu Lebzeiten aufgesucht hat. Aber nicht nur die Religionsgründer, sondern auch die Gräber und Wirkungsstätten ihrer wichtigsten Nachfolger werden oft zu Zielen von Pilgerfahrten, wie man an den bedeutendsten Wallfahrtsstätten des Christentums sehen kann: Rom bzw. der Petersdom, wo die beiden Apostel Petrus und Paulus begraben sind, und Santiago de Compostela als Grabstätte des Apostels Jakobus des Älteren.*

(Matthäus 10,29). Schließlich knüpft Jesus an die Erfahrung der Menschen an, wenn er fragt: »Wer von euch kann mit all seiner Sorge sein Leben auch nur um eine kleine Zeitspanne verlängern?« (Matthäus 6,27).

Weglassen und Loslassen

Es ist die erste wichtige Erfahrung eines Pilgers, wie wenig ein Mensch wirklich braucht. Bevor ich mich vor Jahren endlich auf die große Reise machen konnte, galt es abzuwägen, was der Rucksack alles aufnehmen sollte. Das Notwendige kam nach links, alles Überflüssige nach rechts. Die Sachen auf der linken Seite wurden nach mehrmaligem Sortieren immer weniger. Der Pilger erweist sich in seinen Vorbereitungen als ein Mensch, der bedächtig durch einen Supermarkt geht und dankbar für all die vielen Sachen ist, die er nicht benötigt. Selbst zwischen Wichtigem, Brauchbarem und wirklich Notwenigem ist noch ein großer Unterschied: Das Handy, mag es noch so leicht und für nicht wenige bereits zum Lebensinhalt geworden sein, gehört nach rechts auf den großen Haufen unwichtiger Dinge, trotz Wenn und Aber. Zur Leichtigkeit gehört auch, unerreichbar zu sein, solange man das als Pilger möchte. Schließlich hat man mit sich selbst das schwerste Gepäck zu tragen. Da können alle Bindungen und Verbindungen hinderlich sein, denn möglicherweise werfen sie einen unterwegs ganz schön hin oder lassen einen gar aufgeben. Es mag nicht leicht sein, auf ein heute so allgegenwärtiges Hilfsmittel zu verzichten. Zumindest sollte man sich als Pilger vornehmen, das Handy ausgeschaltet zu lassen und es wirklich nur im Notfall einzusetzen.

Erst wer alles losgelassen hat, lernt die kleinen Dinge des Lebens wieder zu schätzen: den freundlichen Gruß, den Apfel oder die gelbe Rübe über den Gartenzaun, die Einladung ins

»Zwei Mönche aus verschiedenen Klöstern vereinbarten eine gemeinsame Pilgerreise zum Heiligen Berg. Als der Mönch des Nachbarklosters vor der Pforte stand, war der andere noch nicht mit seinen Vorbereitungen zu Ende. Er war es auch noch nicht, als der Nachbar wieder vom Heiligen Berg zurückkam.« (Alte Überlieferung)

Heulager für eine Nacht, eine Ermunterung: »Möge dir der Weg leicht fallen.«

Loslassen. Das ist die entscheidende Botschaft an den, der eine Pilgerfahrt plant. Es kann zu einem lösenden Ritus werden, alles erst einmal in die Hand zu nehmen, dann abzuwägen, dann beiseitezulegen. Nicht nur das Materielle, auch die Wünsche, die Erwartungen, sogar die Sehnsucht. Der Weg trägt dann das Seine dazu bei, wenn es gilt, Tag für Tag loszulassen, bis die Frucht reif ist: Gelassenheit. Loslassen, auch die Gedanken an Morgen, an die Zukunft, ist die Voraussetzung des spirituellen Erlebnisses und der tiefen Erfahrungen, die der Weg noch immer für den achtsam gewordenen Pilger bereithält.

Im gelassenen Gehen taucht der dreifache Impuls auf, den schon die jüdischen Weisheitslehrer auf den Weg mitgaben: »Bedenke, woher du kommst, wohin du gehst und wem du einst Rechenschaft ablegen musst.« Schritt für Schritt entstehen diese hautnahen Erfahrungen: Jeder muss seinen Weg allein gehen und kann ihn doch mit anderen teilen. Jeder hat seine Last zu tragen und findet doch immer wieder Begleiter, die mittragen helfen. Jeder muss einen Weg gehen, den schon viele vorausgegangen sind, und er wird denen Spuren hinterlassen, die nachkommen.

Der erste Schritt

Jede Entscheidung ist wie ein erster Schritt. Jetzt gilt es Neuland zu betreten, das so noch niemand begangen hat. Der erste Schritt ist ein Risiko, das Wagnis, Unbekanntes auf sich zu nehmen, zu verarbeiten, reifen zu lassen. Wer rastet, rostet, das ist eine alte Erfahrung. Der Sesshafte sieht immer nur den gleichen, seinen engen, sehr begrenzten Horizont. Zur seiner Erweiterung muss er schon aus sich herausgehen und buchstäblich obdachlos werden, um zu sehen, was hinter den Dingen ist, dorthin aufbrechen, wo die Sonne untergeht.

Es ist üblich, das der Pilger sich **segnen** *lässt, bevor er sich auf den Weg macht. Dazu ist es ein guter Brauch geworden, zuerst den Gottesdienst in der Heimatgemeinde mitzufeiern und sich dann vom Priester segnen zu lassen. Pilger, die von unserer Gemeinde aus aufbrechen, werden unter diesen Segensworten verabschiedet:*
Der Herr segne dich.
Er erfülle dein Herz mit Ruhe und Wärme, deinen Verstand mit Weisheit, deine Augen mit Lachen und Klarheit, deine Ohren mit Musik.
Der Herr segne dich.
Er erfülle deinen Mund mit Fröhlichkeit, deine Nase mit Wohlgeruch, deine Zunge mit Geschmack.
Der Herr segne dich.
Er erfülle deine Hände mit Zärtlichkeit, deine Arme mit Kraft, deine Beine mit Schwung, deine Füße mit Tanz, deinen Leib mit Gesundheit.
Der Herr segne dich.
Er erfülle dich ganz und gar mit Gelassenheit. So lasse der Herr seinen Segen auf dir ruhen. Er lasse dich ankommen und gesund wiederkehren: im Namen des Vaters, des Sohnes und des Heiligen Geistes. Amen.

»Auch der weiteste Weg beginnt mit dem ersten Schritt, hier vor deinen Füßen.« (Chuang Tse)

Manche Pilger versorgen sich neben ihrem Tagebuch mit einer Taschenbibel und einem kleinen Gebetbuch. Katholiken nehmen einen Rosenkranz mit, der sich unterwegs gut meditieren lässt.

In gewisser Weise macht der erste Schritt heimatlos. Das Vertraute lassen wir in dem Vertrauen zurück, dass uns auch das Neue, das Unbekannte wohlgesonnen ist, ganz so wie ein Kind von einer Mauer in die offenen Arme seines Vaters springt, in der Sicherheit, liebevoll aufgefangen zu werden. Wer sich für den Weg entschieden hat, für den gibt es eigentlich kein Zurück. Wer sich auf den Weg einlässt, dem schenkt er mit jedem Schritt eine geheimnisvolle, schöpferische Energie. Der Weg singt im Rhythmus des Gehens und Atmens: Du kannst es. Du schaffst es. Der Aussteiger dagegen wird später nicht selten von bösen Geistern geplagt: von Selbstzweifeln, Misstrauen, Zynismus, vielleicht sogar vom Ärger und der Wut über sich selbst, weil ihn nichts anderes als das Negative, das Verneinende auf die Straße geführt hat. Wer aussteigt, zugleich aber nicht in das große Vertrauen einsteigt, das zu finden, was er schon immer gesucht hat, dessen Taschen bleiben leer.

In meinem Pilgerbericht ist zu lesen: »Mit jedem Schritt, den wir gehen, wird uns die Natur vertrauter. Mit jedem Tag

»Kein Zurück in die ausgetretenen Pfade mit ihren tiefen Spuren.
Kein Zurück in die wiederholte Erinnerung mit ihren bleiernen Füßen.
Kein Zurück in die satte Selbstzufriedenheit und den Händen gemütlich im Schoß.
Drei von tausend Gründen, endlich zu gehen.«

unterwegs, vor allem aber in den Nächten, die wir im Tausend-Sterne-Hotel unter einem Baum oder am Rand einer schützenden Hecke im Freien verbringen, eingehüllt in den Schlafsack wie die Pilger vergangener Zeiten in ihren weiten Mantel, fühlen wir uns mehr und mehr als ein Teil der Natur. Die Hitze des Tages, die empfindliche Kühle der Nacht, wir gehören bald einfach zu Tag und Nacht dazu wie die Käfer und Blumen am Weg.« Mit der Natur hautnah auf Du und Du. Mit ihr atmen, in ihr sich zur Ruhe legen, mit ihr aufstehen können, sind die großen Geschenke für den, der sich in seinen Mantel hüllt und auf ein schützendes Dach verzichtet.

Die »Schönschrift Gottes« lesen

Auch das ist eine neue Erfahrung des Wegs: die Ehrfurcht. Der Pilger als Teil der Natur achtet auf alles Leben am Weg. Er hütet sich davor, eine Pflanze unbedacht zu zertreten, er weicht einem Käfer oder einer Ameise aus, verfolgt mit der schleimigen Spur der Weinbergschnecke den Weg, den sie seit dem frühen Morgen bereits zurückgelegt hat. Das alles, weil er sich als Teil des Ganzen fühlt und verantwortlich für alles, was kleiner, schwächer und verletzlicher ist als er.

Allerlei ist am Weg zu finden. Wer mit einem Erfahrenen unterwegs ist, wird die Blumen, Kräuter und Gräser mit anderen Augen ansehen. Für den achtsamen Menschen wird die Natur zur »Schönschrift Gottes«, so sagt es der Priesterdichter Ernesto Cardenal: Das Flüstern, Seufzen, Gurren, Trillern, Pfeifen, Brüllen, Jaulen, Ächzen, Wimmern, Schreien der Natur wird zum Gebet, in das der Pilger einstimmen kann. Spätestens dann weiß er sich von allem, was ihn umgibt, geführt und getragen. Wer über die kleinen Dinge zu staunen lernt, gewinnt jene Ehrfurcht zurück, die ein wichtiger Schritt hin zur Spiritualität ist.

»Die Glut des Mittags treibt uns um, die Stunden eilen wie im Flug; du, Gott, vor dem die Zeiten stehn, lass uns ein wenig bei dir ruhn. Wir atmen fiebrig und gehetzt, der Streit flammt auf, das rasche Wort, in deiner Nähe, starker Gott, ist Kühlung, Frieden und Geduld.« (Römisches Brevier, Sext)

Aus dem ersten Schritt sind tausend geworden und nochmal tausend. Der Weg sorgt für eine lange Weile, was etwas ganz anderes ist als Langeweile. Auf den langen Strecken wird die lange Weile zunächst zu einer körperlichen, dann zu einer geistigen Herausforderung. Nicht nur die Füße beginnen zu brennen, auch der Rücken schmerzt unter der Last des Rucksacks. Der Kopf wird leer, das Herz einsam. Dann ist es gut, am Abend wider Erwarten gastliche Aufnahme zu finden, einen Platz am Feuer, ein Lager im Heu.

Heil finden an Leib und Seele

Die Pilger vergangener Zeiten mussten sich in ihren Beschwerden von dem helfen lassen, was rechts und links am Weg wuchs. Ein alter Arzneispruch, auswendig hergesagt, brachte das in Erinnerung, was helfen konnte, sich das Gehen zu erleichtern, Wunden zu heilen, Schmerzen zu stillen, Beschwerden zu lösen: Thymian ist gut bei Husten und für den Hals, hilft bösem Magen ebenfalls. Wacholderbeer und Kümmelgeist treibt aus den Harn und hilft zumeist, wenn der Appetit sollt besser werden. Schlaflosigkeit, Gemütsbeschwerden? Baldrian wird sie vertreiben, wie Knoblauch alle Blutdruckleiden. Johannis- und das Seifenkraut gut gegen faule Wunden, off'ne Haut. Wegwarte, Spitzweg, Bitterklee helfen heilen, lindern Weh.

Gegen die Beschwerden des Weges und die Krankheiten, die einen Pilger befallen konnten, gab es nicht nur pflanzliche

Zum Weiterlesen:
Klaus Herbers, Der Jakobsweg. Ein Pilgerführer aus dem 12. Jahrhundert, *Ditzingen 2008. Dieser mittelalterliche Pilgerführer, das »Liber Sancti Iacobi«, enthält neben der Wegbeschreibung auch Auskünfte über Pilgerhospize, Kloster am Wegrand, wundertätige Quellen und Orte, Heiligtümer am Wegrand und: Beschreibungen der Eigenheiten und Macken der Mitpilgernden.*

Heilmittel. Die Legenden, die abends in den Herbergen weitererzählt wurden, wussten von wundertätigen Orten und Heiligen. Für die Pilger des Mittelalters waren das wichtige Ziele, die es im Fall des Falles zu erreichen galt. Oft lag in den alten Legenden und Erzählungen das Wissen der Menschheit verborgen, was gut und hilfreich, was schlecht und schädlich ist. Dabei sollte man aber einen kritischen Blick auf die Überlieferungen werfen, die oft magischen Charakter haben. Heilige Quellen zum Beispiel, die es entlang der spirituellen Wege der Menschheit in großer Zahl gibt, bringen ihre Wirksamkeit in wundersamen Geschichten auf den Punkt: Gut für die Augen, die Haut, den Magen. An diesen wundersamen Orten entstand ein Netz von Hospitälern unter der Leitung von sachkundigen Nonnen und Mönchen. Sie sorgten sich um das leibliche Wohl des Pilgers genauso wie um sein ewiges Heil.

Allerdings nahm die Wundersucht gelegentlich obskure oder groteske Formen an. Ein Lied aus jener Zeit spottet: »Der kinderlose Mann eilt nach Santiago, um zu beten: Heiliger Jakob, hilf mir und meiner Frau! Ist er lange genug ausgeblieben, ein Jahr oder auch zwei, findet er zu Hause ein Kind vor, oder auch zwei. Welch ein Wunder.«

Wer Wunder sucht, braucht sich nicht auf den Weg zu machen. Er wird nichts Spektakuläres finden. Wunder sind wie Geschenke, die einem ganz einfach zufallen. Der Pilger wird es erfahren: Es gibt keine Zufälle. Es ist ein Plan gemacht. Für einen Menschen, der sich vertrauensvoll ins Leben fallen lassen kann, gibt es keinen Zufall. Was für das Leben wichtig ist, fällt einem zu – unverdient, einfach so. Wer das verinnerlicht, ist nur noch dankbar.

Pilgerlegenden

»Ein Mann von Frankreich ging um das Jahr 1100 auf die Fahrt gen Sanct Jacob, mitsamt seiner Frau und seinen Kindern; denn er wollte ein grosses Sterben fliehen, das zu der Zeit in Frankreich war, und wollte auch Sanct Jacob besuchen. Als er kam zu der Stadt Pampelona, starb ihm sein Weib, und der Wirt nahm ihm all sein Geld und das Lasttier, darauf er seine Kinder führte. Also musste der arme Pilger traurig fürbass ziehen, und etliche Kinder trug er auf seinen Schultern, etliche führte er an seiner Hand. Also begegnete ihm ein Mann mit einem Esel, der hatte Mitleid mit ihm und lieh ihm den Esel, dass er die Kinder darauf führe. Da er nun zu Sanct Jacob gekommen war und im Gebet wachte, erschien ihm der Apostel und sprach ›Kennst du mich nicht?‹ Der Pilger antwortete, er wüsste nicht, wer er wäre. Da sprach der Heilige ›Ich bin der Apostel Jacobus und habe dir meinen Esel geliehen, und leihe ihn dir abermals, damit du heimkehren magst; doch sollst du allbereits wissen, dass der böse Wirt von seinem Söller sich wird zu Tod fallen und dir alles soll wieder werden, das er dir hat genommen.‹ Es geschah alles, wie er gesagt hatte, und der Pilger zog fröhlich heim. Und da er die Kinder von dem Esel nahm, war der Esel alsbald verschwunden.« Dieser Text stammt aus der *Legenda aurea*, der Goldenen Legende. Sie war das populärste und am weitesten verbreitete religiöse Volksbuch des Mittelalters, zeitweise bekannter als die Bibel. Auch die folgenden Geschichten stammen aus diesem Buch, das um 1260 vom späteren Erzbischof von Genua, dem Dominikanermönch Jacobus de Voragine, verfasst wurde: »Ein Kaufmann war von einem Tyrannen wider das Recht beraubt und in das Gefängnis geworfen worden. Da rief er Sanct Jacob um Hilfe an mit ganzer Andacht. Und Sanct Jacob erschien ihm, ob die Wächter gleich wachten, und führte ihn oben auf den Turm. Da neigte der Turm sich also, dass seine Spitze der Erde gleich ward, und der Kaufmann konnte ohn einen Sprung herabsteigen und ging frei von dannen. Die Wächter wollten ihn verfolgen; aber ob sie gleich neben ihm liefen, mochten ihre Augen ihn doch nicht sehen.« »Calixtus, der Papst, erzählt, dass ein Mann von Vezelay auf der Wallfahrt zu Sanct Jacob war ohne Geld; doch schämte er sich zu betteln. Als er nun unter einem Baume ruhte, träumte ihm, Sanct Jacob führe ihn auf die Weide. Da er erwachte, fand er ein Brot, das in Asche gebacken, zu seinen Häupten liegen. Davon lebte er fünfzehn Tage, bis er wieder heim kam; und jegliches Tages ass er sich zweimal von dem Brote satt und fand es doch des andern Tages immer wieder ganz in seiner Tasche.«

Solche Geschichten begleiteten die Pilger, trösteten sie gelegentlich über manche Notlage hinweg und machten gelassen. Ähnlich ist es bei einem Irrweg oder Umweg: Als Pilger werden wir zum richtigen Zeitpunkt am richtigen Ort sein. Oft erweist sich im Nachhinein der Umweg als der bessere Weg; eine Sackgasse tut sich unerwartet auf oder ein Mensch wartet gerade dort auf uns. Der Zufall wird zur Führung und zur Fügung.

Reiseproviant

Wer auf die Reise seines Lebens geht, benötigt nicht viel. Er braucht eine Grundausstattung. Dazu gehört eine gehörige

Portion Zuversicht in die Menschen, die einem unterwegs begegnen. Außerdem Mantel, Stecken und Trinkschale. Diese Ausrüstung genügt offenbar, denn damit werden die Pilger auf alten Stichen dargestellt.

Der Mantel lässt sich heute durch einen Schlafsack ersetzen. Wanderstöcke sind die moderne Form des zurechtgeschnitzten Steckens aus Haselnuss. Die Trinkflasche muss nicht unbedingt himalayatauglich sein. Ein Kanten Brot gehört in den Rucksack sowie Trockenobst und Schokolade. Außerdem einmal Wäsche zum Wechseln – ein richtiger Pilger wäscht und trocknet seine Sachen unterwegs, natürlich bügelfrei. Mehr als zwölf Kilo sollten dann schlussendlich nicht auf den Schultern liegen. Wasser für den Tag und – warum nicht – eine halbe Flasche Wein kommen noch dazu.

Wasserdicht wie der Rucksack sollten auch die Jacke und die Kopfbedeckung sein. Dazu ein Halstuch und ein leichter Pullover. Die kleine Apotheke für den bekannten Bedarf nicht vergessen. Auch der Kulturbeutel wird bescheiden ausfallen: ein Handtuch, Seife, Zahnpasta, Rasierzeug für den Mann, das alles gibt es in Miniausführung. Das Duschgel ist zugleich ein bewährtes Waschmittel für Shirts und Shorts. Vorbeugend sollten Sie in Ihren Schuhen einige Tage beschwerdefrei gegangen sein, bevor sie Sie auf Ihrem Unternehmen begleiten dürfen.

Für den Pilger gibt es nicht nur Beeren und Obst am Weg. Das waren meine Erfahrungen unterwegs: Ein Franzose reichte mir eine Wassermelone über den Gartenzaun. Eine spanische Bauersfamilie, die gerade Knoblauchzwiebeln

»Jesus gebot seinen Jüngern, außer einem Wanderstab nichts auf den Weg mitzunehmen, kein Brot, keine Vorratstasche, kein Geld im Gürtel, kein zweites Hemd und an den Füßen nur Sandalen.« (Markus 6,8–9)

zu Zöpfen zusammenflocht, warf mir drei der gesunden Knollen zu, genug für 500 Kilometer Weg. Ein frisches Weißbrot lag mitten auf dem Weg, vermutlich war es einem Vorausgehenden aus dem Rucksack gefallen. In der Herberge leerte ein Pilger am letzten Abend seines Weges den Rucksack, bevor er unerwartete nach Hause zurückkehren musste, und allerlei Köstlichkeiten versammelten sich auf dem Tisch. Da war es klar, dass die eigene Rotweinflasche die Runde bis zur Neige machte.

Dazu gibt es eine schöne Pilgergeschichte: Ein Pilger kam in ein Dorf und erbat sich im ersten Bauernhaus ein Stück Brot, doch er wurde unfreundlich abgewiesen. Das erging ihm im zweiten und im dritten Haus genauso. Da besorgte er sich einen leeren Kessel, stellte ihn auf vier Steine, füllte ihn mit Wasser und entzündete unter ihm ein Feuer. Dann sammelte er Steine und warf sie in das Wasser. Neugierig geworden kamen die Leute aus ihren Häusern und wollten wissen, was er da mache. »Steinsuppe kochen! Es fehlt nur ein Kohlkopf, eine Handvoll Kartoffeln, eine gelbe und eine rote Rübe.« Die Frauen gingen und brachten die Sachen. Der Pilger kostete die Suppe nach einiger Zeit und stellte fest: »Ein wenig Salz und Pfeffer und eine Speckseite könnte die Suppe gut vertragen.« Auch das brachte man ihm. Am Ende war eine köstliche Suppe entstanden, die alle gemeinsam mit dem Pilger auslöffelten. Einige gingen nachdenklich nach Hause. Sie hatten die Botschaft der Steinsuppe verstanden.

Manchmal wird dem Pilger schon unterwegs ein kleines Wunder zuteil. In meinem Tagebuch fand sich folgender Eintrag: »Dreimal finden wir etwas auf dem Weg. Dreimal liegt für uns ein Zeichen auf der Straße: Ein Brot. Dann eine Zwiebel. Ein Kreuz. Was sie bedeuten mögen? Gott hilft und der heilige Jakob.«

Was bringt einen Menschen auf den Weg? Diese Frage stellt man sich nicht nur als Pilger selbst. Sie entsteht in den Menschen, die einen Pilger sehen, ihn vielleicht sogar beherbergen und auf einmal etwas in sich spüren, was sie nur mit Sehnsucht beschreiben können. Es ist eine Sehnsucht, die wir nie völlig begreifen können und die sich in einem Menschenleben offenbar nie ganz erfüllt. Selbst Menschen, die alles erreicht haben, was sie sich ersehnten, berichten von dieser offenen Stelle, die sie daran erinnert, dass dieses Leben nicht alles sein, bieten und erfüllen kann. Die Stimme der Sehnsucht treibt Menschen auf die Straße und macht sie zu Pilgern, denen die eine Ahnung unterwegs zur Gewissheit wird: Erst im Tod sind wir angekommen.

Auch der Raum zum Klagen und Trauern gehört zum Weg. Manchmal lässt er sich auf alten Friedhöfen gewinnen, wo Pilger aus zehn Jahrhunderten auf die Auferstehung warten. »Unruhig ist unser Herz, bis es ruht in dir. Denn auf dich hin, Gott, hast du uns geschaffen«, sagte Aurelius Augustinus, der über dreißig Jahre brauchte, um das Ziel seines Weges zu erkennen und die Antwort auf die drängende Frage »Was treibt mich im Leben?« zu finden. Unruhe, das ist das Schlüsselwort für den Drang, den je eigenen Weg zu suchen, und müsste man dafür Haus und Hof verlassen und auf die Straße gehen.

Nicht in den eigenen vier Wänden, sondern an den Grenzen ereignen sich die entscheidenden Entdeckungen. Mit jeder Entdeckung kommt man als Pilger sich und der Welt einen Schritt näher. Die Reise aus der Dunkelheit des Unerfahrenen in das Licht der Erkenntnis ist ein Bild dafür, was sich im Herzen eines Pilgers abspielt. Jede Grenzüberschreitung hat in sich eine verwandelnde Kraft. Auch hierzu eine kleine Geschichte: Einer hatte einen langen Weg hinter sich

Die **Gründe**, *eine* **Pilgerfahrt** *auf sich zu nehmen, sind über Jahrhunderte gleich geblieben. Bis zum Mittelalter, der Hochzeit des Pilgerns, machte man sich auf den Weg, weil man entweder eine religiöse Pflicht erfüllen (im Islam gehört die Pilgerfahrt nach Mekka noch immer zu den Pflichten jedes Gläubigen, soweit ihm das finanziell und gesundheitlich möglich ist), ein Gelübde einlösen wollte oder um Buße für begangene Sünden oder ein Verbrechen zu tun. Ein weiterer wichtiger Grund war, dass man sich vom Besuch dieser Stätten, die als wirkmächtig galten und von vielen als solche erfahren worden waren, Heilung für ein seelisches oder körperliches Gebrechen erhoffte, an dem man selbst litt oder um das man dort stellvertretend für den Kranken bitten und beten konnte. All diese Beweggründe zielten darauf ab, später durch die Pilgerreise das ewige Heil im Jenseits zum erreichen, wie es von der Kirche versprochen wurde. Daher konnte man auch statt einer gerichtlichen Bestrafung für ein begangenes Verbrechen diese in Form der Pilgerfahrt abbüßen. Auch heute suchen viele Pilger unterwegs oder am Ziel die Heilung von ihren Leiden, die aber meistens weniger körperlicher Natur sind, sondern eher seelischer: das Gefühl von Orientierungslosigkeit oder Ausweglosigkeit, die Angst vor der Zukunft oder vor Arbeitslosigkeit, die Suche nach sich selbst, die Sehnsucht nach Gotteserfahrung und einem neuen religiösen Fundament treiben die Menschen auf den Weg. Er wird ihnen zum spirituellen Bedürfnis oder ist der Ausdruck der Erfahrung: »Wenn nichts mehr geht, dann geh.«*

gebracht, bis er die kleine Einsiedelei am sanften Abhang eines Berges erreicht hatte. Dort wollte er den Eremiten fragen, wie er den Sinn seines Lebens finden könne. Doch wie erstaunt war er, als er nur ein einziges Wort zur Antwort bekam: »Nichts.« Das ging auch in den folgenden Tagen so, in denen er die einfache Gastfreundschaft und die Stille der Einsiedelei genoss. Auf seine drängenden Fragen erhielt er nur das eine

Wort: »Nichts.« Nach sieben Tagen nahm ihn der Einsiedler in den Arm und sagte: »Zwölf Speichen gehören zu einem Rad, doch erst durch das Nichts in der Mitte kann es sich drehen. Zwei Hände voll Ton braucht es für einen Krug, doch erst sein Nichts macht ihn zu dem, was er sein soll. Dieses Haus habe ich mit eigenen Händen errichtet, Stein auf Stein, Ziegel für Ziegel; doch erst durch das Nichts dazwischen schenkt es uns Geborgenheit.« Der Einsiedler beschloss seine Gedanken: »Der Sinn deines Lebens besteht nicht in dem, was ist und was du hast, sondern durch das, was nicht ist und was du loslässt.«

Wanderer und Pilger sind verwandte Wesen. Sie wandeln sich unterwegs. Weil sie ständig neue Einsichten gewinnen, erleben sie Zeiten und Räume anders als die, die sesshaft geblieben sind. Deswegen ist es nicht überraschend, dass man als Pilger mehr den Weg sieht als das Ziel, denn es gilt: Wer das Ziel will, muss auch die Wege wollen.

Weil der Pilger mit leichtem Gepäck wandert, verzichtet er auf einen Zeitplan und auf ein Besichtigungsprogramm. Er vertraut lieber darauf, was ihm zufällt. Den Orten und Menschen zeigt er seine Neugierde und seine Offenheit für neue Erfahrungen. Sie haben für den Pilger nichts Bedrohliches. Ganz im Gegenteil: Er entdeckt, wie viele Möglichkeiten das Leben bereithält, wenn er sich bewegen lässt.

Als Pilger nimmt man seine Gedanken und Gefühle mit auf die Reise, und sie werden sich unterwegs verändern wie man selbst. Man vertraut sich dem Wind an, dem großen Pilger, den Jesus mit dem göttlichen Geist in Zusammenhang bringt: »Der Wind weht, wo er will; du hörst sein Brausen, weißt aber nicht, woher er kommt und wohin er geht. So ist es mit jedem, der aus dem Geist geboren ist« (Johannes 3,8). Ist Gott selbst ein Wanderer zwischen unseren Welten? Nur wer sich wandelt, bleibt sich treu.

Der große Pilger im Menschen ist die Seele. Die Sehnsucht hält ihr die Tür auf, dass sie nicht verkümmert oder spießig wird. Letztlich lebt die menschliche Seele wie im Exil. Sie spürt: Das hier ist nur Vorübergang. Solange der Mensch geht, hängt er sich und sein Herz weder an Menschen noch an Sachen. Das ist etwas anderes, als sich zu binden. Als Pilger bleibt man mit allen verbunden, auch wenn man unterwegs ist, vielleicht sogar inniger, als wenn man zu Hause bliebe. Wer sich jedoch fesseln lässt, nimmt sich den Atem, den er für seinen Weg braucht. Deswegen lehrt die Sehnsucht den Verzicht. Wer alles haben und machen will, erstickt die Sehnsucht.

Dazu eine Geschichte: Mit einiger Sorge beobachtete der Abt die Unruhe eines jungen Bruders, der erst kürzlich in die Gemeinschaft aufgenommen worden war. Auf seine Frage antwortete der junge Mann: »Jetzt lebe ich schon einige Monate im Kloster, aber ich habe die ersehnten geistlichen Schätze noch immer nicht gefunden.« Der Abt beruhigte ihn mit folgender Weisheit: »Auf die geistlichen Kostbarkeiten müssen wir gelassen warten; wer angestrengt sucht, der findet die falschen Güter.«

Den Himmel erden

Die Zeit des Pilgers ist das Heute, der Augenblick. Unterwegs wird er lernen, Vergangenes loszulassen, ohne die Erinnerung zu verlieren, und sich von der Zukunft nicht zu ängstigen. Heute ist ein Pilgertag. Und schon morgen ist auch wieder heute. Das Heute müssen sich viele Menschen erst wiederholen. Die Wiederholung ist wichtig, wenn der Tag richtig gelebt werden soll. Das geschieht immer dann, wenn es gelingt, ein Stück Himmel auf die Erde zu holen. Nicht nur Pilger haben sich angewöhnt, folgendes Gebet in den frühen Morgenstunden zu sprechen:

Im Namen Gottes.
Achte gut auf diesen Tag.
Achte gut auf die Menschen.
Sie sind dir anvertraut.
Jeder neue Tag ist dein Leben.
Er ist ein Geschenk für dich.
Heute ist dein Tag.
Sei dankbar und freue dich über die Sonne am Morgen.
Lebe im Frieden mit dir und finde zur Ruhe in der Nacht.
Sei gesegnet und werde zum Segen allen,
die dir heute begegnen.

Das Gebet erdet den Himmel, aber es macht ihn nicht zum Daunenbett, so wie Gott kein sanftes Ruhekissen ist. Seit Menschengedenken wiederholt sich der Versuch, durch das Gebet einen Zugang zum Unbekannten zu bekommen. Im Gebet findet der Wanderer zwischen Himmel und Erde inneren und äußeren Schutz. Für den Pilger werden Atmen und Gehen zum Gebet.

Wer betet, erfährt auch, dass ihm nichts ganz allein gegeben ist. Auf diese Weise lernt er Schritt für Schritt die »Mystik der offenen Augen«, die sehen und dahinter sehen, also im Innersten verstehen wollen, was in der Welt vor sich geht. Was ihm unterwegs geschenkt wird, gehört ihm nicht allein. Wenn er sich für seinen Weg segnet, nehmen alle, die mit ihm unterwegs sind, diesen Segen auf. Wer gesegnet ist, weiß mit den Gaben Gottes großzügig umzugehen. Er wird wiederbekommen, was er gibt. »Wenn jeder gibt, was er hat, dann werden alle satt«, weiß ein modernes Lied. So erfährt man als Pilger am eigenen Leib, dass es keinen Unterschied gibt zwischen

Ein **Gebet**, *das sich daher sehr gut* **für unterwegs** *eignet,*
ist das sogenannte **Herzensgebet**:
Setze dich in der Stille und Einsamkeit hin,
schließe die Augen und lasse den Atem ganz leicht fließen.
Führe dann deine Aufmerksamkeit aus dem Kopf ins Herz,
sodass dein Vorstellungsvermögen, Denken und Fühlen
vom Herz ausgehen.
Im Rhythmus des Atems sprich in Gedanken
oder auch leise die Lippen bewegend Folgendes:
»Herr Jesus Christus« – einatmen.
»Erbarme dich meiner« – ausatmen.
Vertreibe alle fremden Gedanken, sei nur still und habe Geduld,
und übe dieses Gebet sehr häufig.

Gott und den Menschen. Und das nicht nur, weil es in der Schrift heißt: »Ich war hungrig, und ihr habt mir zu essen gegeben; ich hatte Durst, und ihr habt mir Wasser gereicht« (Matthäus 25,35).

Der Mensch ist und bleibt ein Teilhaber. Gut, wenn er das nie vergisst. Denn was er weitergibt und verschenkt, lässt den Himmel aufleuchten: ein Schluck Wasser, der gereicht wird, ein Apfel, der geteilt wird, der Platz, der in der Herberge durch Zusammenrücken für einen anderen frei wird. Wer einen Pilger beherbergt, hat Gott als Gast. Wer aber einem Menschen die Tür weist, schickt Gott in die Nässe und Kälte der Nacht.

Das Gebet der Schöpfung

Es ist eine schöne Übung, unterwegs durch Betrachtung und Schweigen die Natur beten zu lassen, wenn man es selbst verlernt hat. Wenn man sich als Pilger vorstellt, wie das Blätterrauschen des Waldes, das wogende Weizenfeld, die in der Hitze flirrende Luft beten, kann man sich einschwingen voller

Verwunderung darüber, dass die Natur von unaufhörlichem Gebet umgeben ist und man selbst davon getragen wird, ohne dass man es immer spürt. Der so geerdete Himmel verführt zum Danken. Für den achtsamen Menschen ist es gar nicht mehr erstaunlich, für wen und für was er alles danken kann: für den freundlichen Gruß der Bäuerin am Morgen, für den aufmunternden Blick des Hufschmieds, die Einladung, unter einem Baum zu rasten, einen Gottesdienst zu besuchen. Auch für den Adler, der wie ein heimlicher Beschützer seine Kreise über mir als Pilger zieht, für die Wegwarte, die mit ihrem Blau den Weg markiert, für den Laubfrosch, der munter zur Seite springt, für den Feuersalamander, der sich als kleines Kerlchen dennoch drohend aufrichtet, für die Schnecke, die den Weg quert und sich durch nichts beirren lässt.

Weil die Natur, die uns von allen Seiten umgibt, aus der Hand Gottes kommt, hat sie eine heilende Kraft. Das kann man schon erfahren, wenn man nur kurze Zeit am Meer verbringt oder einen Berg besteigt. Das wird erst recht deutlich für den, der aus sich herausgeht, um in natürlicher Umgebung zu einem neuen, einem tieferen Lebensrhythmus zu finden. Deswegen meiden Pilger nach Möglichkeit die Städte oder durchqueren sie mit schnellem Schritt.

Jeder Schritt kann zum ungesprochenen Gebet werden. Dann erfährt man als Pilger, wie der Fluss des Denkens langsamer treibt, schließlich einer herrlichen Leere weicht. Dafür braucht es Absichtslosigkeit, Zeit und Geduld. Es entsteht eine Leerheit, die keinesfalls im Nichts oder einer Gleichgültigkeit besteht. Im Gegenteil: Alles und jedes wird eingeschlossen und kann seine heilsame Wirkung entfalten. Die spirituelle Leere weigert sich, Unterschiede zu machen: das eine zu lieben, das andere zu hassen, das eine anzunehmen, das andere zu vertreiben. Als Pilger bleibt man mittendrin. Ein großes Durchatmen kann beginnen. Das wortlose Gebet heilt das

Denken, korrigiert die falschen und engen Gedanken. Als Pilger lernt man: Die besten Gedanken werden aus der Stille und dem Schweigen geboren. Dann füllt sich unsere Zisterne, aber das Leben bekommt eine andere, eine neue Qualität.

Der Weg nach innen

Die Pilgerschaft kennt viele Motive. Ein ganz wichtiger Grund, sich auf den Weg zu machen, ist die Sehnsucht des Menschen, ganz aus sich herauszugehen, sich loslassen zu können, alleine zu sein und so zum Wesentlichen, zu sich selbst zu finden, Schritt für Schritt. Das Unwesentliche, das ist und bleibt der Alltag, der Kleinkram, die ständige Wiederkehr des Gewöhnlichen. Äußere Beweggründe sollten zurückstehen, vor allem die Versuchung, sich selbst etwas beweisen zu wollen.

»Jeder Mensch braucht etwas Wüste«, erkennt Sven Hedin, der als Geograph und Entdeckungsreisender am Ende des 19. Jahrhunderts in den weiten Wüsten der Welt zu Hause war. Eigentlich sehnt sich der Mensch nach Heimat und Geborgenheit, in denen er sich aber oft verliert, weil er sesshaft und damit selbstzufrieden geworden ist. Die Wüste ist das genaue Gegenteil davon. Sie ist ein Bild für den Weg nach innen. Sesshaftigkeit ist Alltag, die Wüste das Besondere.

Der Gefahr der Selbstzufriedenheit widersetzt sich der pilgernde Mensch Tag für Tag. Er setzt alles aufs Spiel, was ihn festhalten und festlegen könnte. Sich jeden Tag neu auf den Weg machen, das verlangt die Wüste. Wer sitzen bleibt, erstarrt, verkümmert spirituell, trocknet aus, ohne dass er es bemerkt. Er findet nicht zur rettenden Oase.

»In der Wüste findest du nichts, außer dich selbst. Denn die Wege der Weisheit führen durch die Wüste.« (Weisheit der Beduinen)

Für den Orientalen wie für den Menschen des Alten Testaments war die Wüste der Ort des ständigen Wanderns, des Umherziehens, ein Ort der Unstetigkeit, ja der Dämonen, die ebenfalls keinen festen Platz hatten. Die Wüste war auch ein Ort, an dem ein Verbrecher untertauchen konnte. Menschen, die mit dem Leben fertig waren, gingen in die Wüste, um dort zu sterben.

Doch seltsam: Was Menschen aufgeben wollten, fanden sie hier neu. Geheilt und gestärkt kamen viele aus der Wüste zurück, nachdem sie alle Prüfungen und Versuchungen bestanden hatten. Die Wüste wurde für sie zur Vorbereitung für ein neues, des wirklichen Lebens. Nur der Sündenbock, auf den nach jüdischem Ritus die Sünden des ganzen Volkes beschworen wurden, also der alte Mensch blieb in der Wüste zurück und kam darin um wie das belastete Tier. Wer in der Wüste zu sich gefunden hatte, konnte anderen das Wichtige und Wesentliche zeigen. Denken wir an Johannes den Täufer, an Paulus oder an Jesus selbst: Für sie alle wurde die Wüste zum Ort des Umbruchs und des Neuanfangs. In der Wüste predigte der Täufer die nötige Umkehr; in der Wüste holte sich Paulus die Kraft für seine Missionsaufgabe. Jesus selbst erkannte in der Wüste seine Berufung, den Menschen das Reich Gottes anzusagen.

Wer die Wüste durchgestanden hat, hat nicht nur Durst, Hitze, Kälte und Bedrohungen aller Art bezwungen, er hat sich selbst bestanden und mindestens zwei Tugenden für das neue Leben gelernt: Nüchternheit und Gelassenheit. Er hat das Menschsein ganz am Rande gelebt und erfahren. Auch dafür braucht es Zeit. Vierzig, das ist in der Bibel die Chiffre für eine lange Zeit. Jesus selbst nahm das auf sich: »Darauf führte in der Geist vierzig Tage in der Wüste umher« (Lukas 3,10).

Die **Wüste** *spielt sowohl im Alten wie im Neuen Testament immer wieder eine große Rolle, wenn es um Gotteserfahrung und das Hören der Stimme Gottes geht (Mose, der sein Volk durch die Wüste ins Gelobte Land führt (Exodus), David, der sich vor Saul in der Wüste versteckt und von Gott beschützt wird (Samuel), Johannes, der als der Wegbereiter Jesu in der Wüste lebt und Umkehr predigt und Jesus, der in die Wüste geht und dort vom Teufel in Versuchung geführt wird (Markus, Matthäus, Lukas, Johannes). Auch die nachfolgenden Generationen haben die Wüste als spirituellen Ort erkannt, wie beispielsweise die sogenannten Wüstenväter, die sich als Einsiedler oder in Gruppen in die Wüste zurückzogen, um ein einfaches und entbehrungsreiches, aber auch geistig erfülltes Leben zu führen, das ihnen große Weisheit bescherte. Später folgte ihnen Charles de Foucault mit einigen Mitbrüdern auf diesem Weg, aber auch Antoine de Saint-Exupéry wusste nicht nur die Schönheit, sondern auch die dichte Atmosphäre und die »Gottesnähe« der Wüste zu schätzen, wie in seiner bekannten Erzählung »Der kleine Prinz« deutlich wird. Heute bieten viele Reiseunternehmen Urlaub, aber vor allem das Wüstenwandern an, um ihren Kunden, die auf der Suche nach spiritueller Erfahrung sind, dieses Erlebnis möglich zu machen.*

Vierzig, die Zeit der Wüste, so lange braucht der Mensch für seinen Weg nach innen und aus sich heraus. Jesus fastete diese vierzig Tage in der Wüste, bis es »der Versucher« wagte, sich an ihn heranzumachen. Er musste scheitern, weil Jesus zu sich gefunden hatte. Vierzig Jahre wanderte das Volk Israel durch die Wüste, bis es für das Gelobte Land reif geworden war. Die Zeit der Wüste braucht der Mensch für seinen Weg nach innen.

Wer sich solcherart ernst nimmt, begegnet Gott tief in sich selbst. Die Propheten haben das erfahren und die Wüstenväter, ein Charles de Foucauld genauso wie jeder, der sich aufmacht,

Ein **Wüstentag** *ist ein Geschenk, das man sich auch selbst machen kann. Man setze sich in ein öffentliches Verkehrsmittel, fahre so weit von zu Hause weg, wie die Füße zurück tragen können. Man nehme nur Wasser und Brot mit, spreche nur, wenn man gefragt wird, und denke nur das, was gerade jetzt ist. Es gibt kein Gestern und kein Morgen.*

um sich loszulassen. »Gott«, so sagt es der Befreiungstheologe Leonardo Boff, »ist ein Gott der Armen, Nomaden, Pilger und Wüstenbewohner.«

Wer sich und Gott in der Wüste kennengelernt hat, braucht keine großen Worte mehr. Er überzeugt durch sein Leben. Wer aus der Wüste kommt, predigt eine Nüchternheit, die in wenigen Sätzen, mehr noch durch das Schweigen sagen kann, was wirklich wichtig ist. Die Sprache der Wüste ist einfach, nüchtern, von großer Klarheit. Jesus hat diese eindeutige Sprache beherrscht. Deswegen kamen seine Worte bei den Menschen an wie von einem, der göttliche Vollmacht hat.

Sehen – urteilen – handeln

Was ereignet sich in der Wüste des Pilgers? Er weiß, Gott ist da. Er ist nahe, auch wenn er ihn weder sieht noch spürt. Das Wissen der Nähe reinigt. Der Pilger kommt dann wie von selbst in den heiligen Dreischritt, den in unseren Tagen der Arbeiterseelsorger Joseph Cardijn den Jungarbeitern als geistliches Vermächtnis hinterließ: sehen – urteilen – handeln.

Der Priester und spätere Kardinal Joseph Cardijn gründete die Christliche Arbeiterjugend (CAJ) 1925 in Brüssel. Anliegen Cardijns war es, den jungen Arbeitern und Arbeiterinnen ihre Würde bewusst zu machen und sie zu bilden, damit sie Verantwortung für sich und die Gesellschaft übernehmen können. Er entwickelte die Methode »sehen – urteilen – handeln«, die später Einzug in die Pädagogik der Jugend- und Erwachsenenbildung fand. Im Sehen erkennt der Pilger als Erstes die Realität seines Lebens und seiner Umgebung. Im Urteilen ordnet er Schritt für Schritt das, was er sieht und erkennt. Im Handeln setzt der Pilger um, was er eingesehen hat. Das wird er ein Leben lang nicht mehr vergessen.

2 Die Heilige Reise

Vertraut den neuen Wegen,
auf die der Herr uns weist,
weil Leben heißt: sich regen,
weil Leben wandern heißt.
Seit leuchtend Gottes Bogen
am hohen Himmel stand,
sind Menschen ausgezogen
in das gelobte Land.

Klaus-Peter Hertzsch zur Wende 1989 (EG 395)

Das Leben – eine Pilgerfahrt

Der Mensch ist ein Leben lang unterwegs. Schon als Kind sind wir wie kleine Pilger, die auf Entdeckungsreise gehen. Jede Entdeckung wirkt dann wie eine große Erfahrung und weckt in uns die Sehnsucht nach mehr. Bald darauf gelingt es uns, unsere Welt unter die Füße zu nehmen. Unser Lebensweg hat begonnen. Jetzt liegt es auch in der Hand eines jeden Einzelnen, ob das Leben ein Abenteuer wird, ein spannender, erfüllter Weg.

Die Welt um uns lädt uns ein, sie zu entdecken. Das gilt für die Natur: die Steine und Felsen, die Pflanzen, Bäume und Tiere. Das gilt für die großen Räume und Gezeiten. Auch die spirituellen Räume um und in uns wollen entdeckt werden, denn wir sind als Pilger geboren. Als solche kehren wir zu unseren Wurzeln zurück. Wir finden sie vor allem in Bildern, Symbolen, Erzählungen und Legenden. Das alles zu suchen und zu finden lädt der Weg ein, der selbst ein gewaltiges, herausforderndes Zeichen ist.

Vom ersten Lebensschritt an versuchen wir, an die eigenen Grenzen zu gelangen. Ein Pilger will darüber hinaus; deshalb macht er sich auf den Weg. Er sehnt sich nach Erfahrungen, die nur ihm zugedacht sind, die nur er machen kann. Der Weg dient der Selbsterfahrung. Die bewegendsten Erfahrungen macht er dabei weder im Alltäglichen noch im Ungewöhnlichen. Wer sich gefunden hat, kehrt anders, kommt als neuer Mensch zurück. Schon deswegen wurde einem heimgekehrten Pilger von seinen Mitbürgern größter Respekt gezollt. Mancherorts wurde er mit der Würde eines Ehrenbürgers ausgezeichnet.

»Auch wenn der Weg über einen Berg führt: Der Berg ist nicht das Ergebnis des Weges.« (Alte Pilgerweisheit)

Noch immer ist Pilgern mit dem Gehen verbunden. Alle anderen Formen, die heute ebenfalls Pilgern genannt werden – zu Pferd, mit dem Fahrrad, gar mit dem Bus – vermitteln kaum die tiefen Erfahrungen, die mit dem Gehen verbunden sind, denn die Füße müssen ganz einfach den Boden berühren und spüren. Bodenhaftung und Loslassen kennzeichnen den Rhythmus des Weges. Wenn wir so den Weg und die Zeit durchschreiten, erobern wir unsere sichtbare Welt und gewinnen die unsichtbare, die leider vielen Menschen ein Leben lang verschlossen bleibt. Dann bleibt am Ende die unbeantwortete Frage: Wozu habe ich eigentlich gelebt?

Der Pilger ist ein Mensch der Sehnsucht. Sie treibt ihn auf die große Reise und vermittelt ihm die Bilder, die sein Leben deuten. Die Sehnsucht führt ihn an neue Orte, bringt ihn mit vielen Menschen zusammen, öffnet ihn für bislang

Die beiden Begriffe **Wallfahrt** *und* **Pilgern** *werden manchmal als Synonyme gebraucht, in anderem Zusammenhang aber auch mit verschiedener Bedeutung: Eine Wallfahrt meint dann das Pilgern in einem engeren und eher traditionell-religiösen Rahmen, wobei die Wallfahrer in Gruppen unterwegs sind, was von kirchlicher Seite organisiert wurde. Im Gegensatz dazu versteht man den Pilger als jemand, der allein und daher auch freier unterwegs ist, allerdings auch mehr auf sich selbst gestellt und allen Gefahren ausgesetzt, die ihm unterwegs begegnen. Heute sind die Gefahren für Pilger sicher nicht mehr so groß wie im Mittelalter, aber dennoch ist es etwas anderes, ob man allein oder in einer Gruppe unterwegs ist.*

Unerfahrenes und Unerlebtes. Zwar kann er nichts von alledem festhalten, aber ganz am Ende ist der Pilger bei sich selbst angekommen. Er hat eine Lebenserfahrung gewonnen, die ihn gelassen über die letzte Schwelle zu einem neuen Leben tragen wird.

Unsere Pilgerfahrt dauert ein ganzes Menschenleben lang. Das zeitweilige Pilgern zu einem spirituellen Ziel ist ein Abbild des ganzen Lebens. Das ist es auch, was die Pilgerfahrt vom Wallfahren unterscheidet: Der Wallfahrer geht nicht aus sich heraus, er kommt bald an. Er hat den schnellen Erfolg vor Augen. Schon deswegen lassen sich Wallfahrten beliebig oft wiederholen. Mancherorts haben sie eine jahrhundertelange Tradition.

Als Pilger dagegen ist man Wochen und Monate unterwegs. Im Mittelalter war es sogar selbstverständlich, Jahre auf dem Weg zu sein mit der großen Sehnsucht im Herzen, aber auch der genauso großen Ungewissheit, nicht am Ziel anzukommen oder nicht mehr heimzukehren. Nur noch wenige Pilger können es sich heute leisten, den ganzen Weg wieder zurückzugehen, wenn sie das Ziel erreicht haben. Ohne Zweifel geht dadurch die wichtige Erfahrung der Wende verloren, die den Pilger noch ein weiteres Mal herausfordert. Manche Heimkehrer müssen unweigerlich eine tiefe Depression überwinden, die sich beim Zurückkommen einstellt, wenn die Anspannung, die ganz auf das große Ziel ausgerichtet war, plötzlich wegfällt.

Die ganz andere Welt entdecken

Auf seinem Weg durchschreitet man als Pilger die sichtbare Welt, die sich uns Schritt für Schritt in immer neuen Bildern offenbart. Damit nähern wir uns dem Unsichtbaren. Nachdem wir buchstäblich aus uns herausgegangen sind, ist es das spirituelle, das achtsame Gehen, das uns als Pilger hilft, die ganz andere Welt zu entdecken, auch die eigene, ganz andere Welt. Der Mensch ist weit mehr, als er von sich selbst weiß. Wenn er auf sich »eingeht«, wird er nicht nur sich selbst besser erkennen. Er kann zudem die Bilder und Symbole am Weg entschlüsseln und für sein spirituelles Leben wirkungsvoll machen. Dann ist der Baum am Weg mehr als ein Baum, er wird zum Symbol für Halt und Standfestigkeit. Eine Quelle ist mehr als der Beginn eines Baches. Sie wird ihm zum Zeichen des Lebens, das sich mit jedem Pulsschlag neu erfindet. Der Weg ist mehr als eine Verbindung zwischen zwei Orten. Er wird zur Lebensspur, die sich mit allen verknüpft, die je vorausgegangen sind. Dabei vergisst man als Pilger nicht, dass man seine eigene unverwechselbare Signatur in den Weg zeichnet, an der die Nachkommenden Orientierung finden.

Jeder Mensch trägt seine eigene Welt ins sich. Deswegen betrachtet jeder seinen Weg auf seine je eigene Weise.

»Keinen Weg lässt uns Gott gehen, den er nicht selbst gegangen wäre, und auf dem er uns nicht vorausginge.« (Dietrich Bonhoeffer)

Als Pilger sind wir letztlich Einzelgänger, denn wir sind mit uns unterwegs auf dem für uns einzig möglichen Weg. Selbst wenn viele dem gleichen Weg folgen, geht jeder Einzelne seinen Weg, der keinem anderen gleicht. Jeder geht selbst in Begleitung oder zusammen in einer Gruppe seinen Weg allein, sonst läuft er Gefahr, nicht bei sich anzukommen. Andererseits werden die vielfältigen Erfahrungen zum persönlichen Eigentum, zu einem Schatz, der uns nicht mehr genommen werden kann. Wann immer wir uns erinnern, werden diese Erfahrungen lebendig.

»Niemand ist zu jung, keiner ist zu alt: Einsicht, Umkehr, Neubeginnen liegen direkt am Weg. Abrufbereit.« (Pilgerweisheit)

Das spürt man als Pilger schon nach wenigen Tagen. Man fällt in eine eigentümliche Gemütsbewegung, die nicht so leicht zu deuten ist. Man bekommt eine Ahnung des letzten Weges, den jeder ganz allein, ganz für sich geht. Die Mystiker haben diese Erfahrung Läuterung genannt: Der Weg reinigt den Pilger von allem Überflüssigen, Falschen und Widerständigen, so wie der Körper sich von den alten Schlacken eines allzu sesshaften Lebens befreien kann. Wer es gelernt hat, loszulassen und sich zu verabschieden, wer so viele Abschiede hinter sich gebracht hat, wird keine allzu große Mühe haben, am Ende seines Lebens alles loszulassen und sich in die Hände Gottes fallen zu lassen.

Der Weg – ein Labyrinth

Der Pilgerweg wird oft mit dem Gang durch ein Labyrinth verglichen, wie es in der Kathedrale von Chartres, an einem der Ausgangspunkte des europäischen Jakobuswegs, zu finden ist: Auf fast 300 Meter Länge müssen die Lebenswenden, die Erwartungen und Enttäuschungen symbolisch nachgegangen werden, gleichnishaft verwandt mit dem wahren Leben. Auf dem Weg durch die elf Kreise des Labyrinths, entlang der 365 Steinplatten, eine für jeden Tag des (Lebens-)Jahres, lässt sich der eigene Weg durch eine widersprüchliche und oft verworrene Welt meditieren. Symbolisch wurde der Labyrinthweg als Sühne- oder Bußweg verstanden, also als eine Vorwegnahme oder Wiederholung der Pilgerfahrt nach Rom, ins Heilige Land oder nach Santiago de Compostela. In der Mitte des verschlungenen Kreises wartet die Lösung, die Erlösung, die Reinigung und damit die befreite Rückkehr ins Leben. So sollte das Ergebnis einer jeden Pilgerfahrt sein.

Oft sind die **Pilgerwege** *in ihrem Verlauf älter als die christliche Tradition, die sie in ihrem Sinn »umgedeutet« hat: Sie zeichnen* **heidnische Initiationswege** *nach, die dazu dienten, die Übergänge im Leben der Menschen zu gestalten (Übergang vom Kind zum Mann/zur Frau, vom Einzelnen zum Paar, vom Novizen zum Priester oder zum Schamanen, ...). So führte der ältere, dem Jakobsweg zugrunde liegende Weg eigentlich bis nach Finisterre, was in der Übersetzung nichts anderes als »das Ende der (bekannten) Welt« heißt. Auch der Brauch, seine Kleider zu verbrennen und allein dadurch ein neuer Mensch zu werden, geht auf diesen Initiationsweg zurück. Wichtig war dabei gerade auch der Rückweg, der den »neu gewordenen Menschen« wieder in die Gesellschaft oder den Kult integrierte, also im wahrsten Wortsinn Rückweg in die alte Welt meinte. Von seiner Bedeutung hat der Pilgerweg dem gegenüber aber nichts eingebüßt: Im Mittelalter wie heute kommen die Menschen vom Pilgerweg als andere Menschen zurück als die, die vordem aufgebrochen sind. Diese Erfahrung des Neuwerdens, des Anderswerdens ist gerade das, was den Weg auch heute für viele Menschen noch und wieder so anziehend macht.*

Exodus – Sinnbild des Lebens

Nur wenigen Menschen ist heute noch bewusst, dass der Exodus, der Auszug Israels aus Ägypten, der Anfang für eine lebendige Gottesbeziehung des Volkes Israel war. Nach einer großen Hungersnot wandert eine jüdische Sippe aus, sucht im Land am Nil Brot und Lohn, gerät dort aber bald in Unterdrückung und Abhängigkeit. Mose befreit das Volk und führt es in einem Zug durch die Wüste in das »Gelobte Land«. So geht Gott mit uns, lehrt diese biblische Geschichte, er begleitet unseren Weg bei Tag und bei Nacht, auch das blieb die Überzeugung der Menschen bei ihrem jahrzehntelangen Unterwegssein. Das Nomadenleben des Volkes Israel setzt einen beweglichen Gott voraus. Tempel und Heiligtümer hätten das Gehen und Suchen behindert. Gott wartete nun also eher am Weg oder auf einem Berg, denn dort mussten die Nomaden vorüberkommen oder hinaufsteigen.

Unterwegs und auf dem Berg entstand auch der Name für diesen einzigartigen Gott, der offenbar keine Anbetung in fest gemauerten Räumen wollte: JAHWE, der Gott, der für dieses Nomadenvolk da ist. Seither versteht sich Israel als ein von Gott geführtes Volk, das allerdings auch, so wussten es die Propheten, störrischer sein konnte als ein alter Esel. Der Prophet war so etwas wie das Sprachrohr Gottes. Er konnte Gottes Anruf deuten, drohte dem Volk einerseits, lockte die Menschen andererseits auf den gottgefälligen Weg. Jesaja, einer aus der Schar der Propheten, verkündet: »So spricht der Herr, der einen Weg durchs Meer bahnt, einen Pfad durch das gewaltige Wasser … Denkt nicht mehr an das, was früher war; auf das, was vergangen ist, sollt ihr nicht achten. Seht her, nun mache ich etwas Neues. Schon kommt es zum Vorschein, merkt ihr es nicht? Ja, ich lege einen Weg an durch die Steppe und Straßen durch die Wüste« (Jesaja 43,16ff.).

Der Auszug des Volkes wurde zum religiösen Bild für den Menschen, der ständig Abschied nehmen und neue Wege suchen muss: ausziehen, wegziehen, umziehen. Jeder Abschied ist so schmerzlich wie der Neubeginn hoffnungsvoll ist. Das ist es auch, was wir als tief greifendes Erlebnis auf beiden Seiten erleben, wenn junge Erwachsene das Elternhaus verlassen. Ein offenes Geheimnis dabei bleibt: Nur wer gelassen und liebevoll losgelassen wurde, kehrt gerne wieder zurück.

Es kommt daher auch nicht von ungefähr, wenn junge Menschen heute zunehmend ein Ritual suchen, das den Abschied und den Neubeginn markiert. Nicht wenige haben dieses Ritual in einer längeren Auslandsreise gefunden, bei der sie ganz allein auf sich gestellt sind. Sie machen, ohne es vielleicht zu wissen, eine Pilgerfahrt, um in Freiheit den neuen Lebensweg zu erkunden. Ein soziales Jahr oder der Zivildienst können ähnlich erlebt werden und bringen Frucht für die Zukunft junger Menschen.

Vom Umkehren und der Umkehr

Der Weg, das ist ein klassischer biblischer Begriff. Wege von Ort zu Ort anzulegen, war eine der ersten großen Kulturleistungen der frühen Menschen. Noch heute sind die großen, Völker und Menschen verbindenden Straßen bekannt und werden begangen oder befahren, so zum Beispiel die Seidenstraße. Mauern und Türme symbolisieren Verschlossenheit, Feindschaft, gar Krieg. Wege sind offen, sie offenbaren Verständigung und Frieden. Straßen führen Menschen zusammen, Wege verbinden. Doch kein Weg läuft immer geradeaus. Manche führen an den Rand eines Abgrunds, andere in die Irre, wieder andere enden im Nichts. Dann ist, oft genug nach Enttäuschungen und unter Schmerzen, Umkehr angesagt. Die Wende ist zum spirituellen Symbol des pilgernden

»Die gefährlichste Weltanschauung haben die, die sich die Welt nicht angeschaut haben.« (Pilgerweisheit)

Menschen geworden. Die Umkehr setzt die Entscheidung voraus: So soll mein Weg weitergehen. Oft ist die Umkehr schwerer als der Start, denn vieles, was bereits gewonnen schien, muss aufgegeben, buchstäblich rückgängig gemacht werden.

Mit dem Exodus des Volkes Israel im Alten Testament wurde der Weg zu einem doppelten spirituellen Symbol: Einmal galt es, aus dem »Sklavenhaus Ägypten« auszuziehen, also aus falschen Abhängigkeiten, aus der knechtenden Spirale von Herrschen und Dienen, Sieg und Niederlage, Gewinnen und Verlieren. Zum anderen zeigte sich das Vertrauen in die Begleitung Gottes: »Zeige mir, Herr, deine Wege« (Psalm 25,4) singen die Menschen seit jenen Tagen. Sie folgen dem Rat der Erfahrenen: »Befiehl dem Herrn deine Wege, denn er macht es gut« (Psalm 37,5). Gottes Wort, das den pilgernden Menschen begleitet, wird zum Licht und zur Leuchte gegen Dunkelheit und Angst.

Lange bevor sich Israel auf den Weg in das Gelobte Land machte – ein Weg der bis heute nicht zu Ende gegangen ist –, war Abraham der Weisung Gottes gefolgt, Neuland zu suchen. Mit seinem Stamm, einer Gruppe von vielleicht 120 Menschen, geht er im Vertrauen auf Gott in die Ungewissheit wie viele Pilger nach ihm. Wir kennen den Anlass zu diesem Aufbruch nicht, doch sein Weg wurde zu einem Symbol für den Gehorsam im Glauben. Später wird eine liebenswerte Gestalt der Bibel, die junge Frau Rut (ihr Name bedeutet »Gefährtin«) zu ihrer Schwiegermutter diese unvergesslichen Worte der Treue sagen: »Wohin du gehst, dahin gehe auch ich, und wo du bleibst, da bleibe auch ich. Dein Volk ist mein Volk, und dein Gott ist mein Gott. Wo du stirbst, da sterbe auch ich, da will ich begraben sein. Der Herr soll mir dies und das antun, nur der Tod wird mich von dir scheiden« (Rut 1,16–17).

Die Sippe Abrahams wie das Volk Israel konnten sich mit der Führung Gottes auch auf die Weggenossenschaft vieler Gleichgesinnter stützen. Sie wurden zu Gefährten, die jeder Gefahr trotzten. Aufbruch ist also nicht nur mit Freude, sondern meist auch mit Angst und Bangen verbunden. Um den Weg fruchtbar zu machen, muss auch die Erwartung des Ankommens lebendig bleiben, das Ziel muss näher kommen. Es darf letztlich nicht wie die Sterne als Wegweiser am Himmel unerreichbar bleiben. Diese widersprüchliche Erfahrung machen viele Pilger: Die Sehnsucht des Ankommens mischt sich mit der Angst, das Ziel zu schnell zu erreichen.

Die Heilige Reise

Spiritualität ist als Modewort in aller Munde. Die Publikationen zu diesem Thema füllen Bücherregale. Programme und Kurse zur geistlichen Erneuerung und seelischen Gesundung werden in inflationärer Aufdringlichkeit angeboten. Damit gerät auch die Pilgerfahrt in den gefährlichen Sog, lediglich zu einer Übung zu verkommen, die wie ein sportliches Training absolviert wird. Wenn es wieder auf Leistung ankommt, verkommt der Weg, denn rechnen, berechnen, messen und werten töten die Freiheit. Leistung, Bedingungen, Voraussetzungen und Forderungen sind das Gegenteil einer Heiligen Reise. Sie ist gekennzeichnet von Einfachheit, Offenheit, Gelassenheit und Spontaneität. Diese vier Wegweiser können nicht trainiert, sie müssen zugelassen werden. Deswegen muss sich einer, der sich auf diese Reise einlässt, jeden Tag fragen: Geht es einfacher? Wo bin ich noch verschlossen? Was schleppe ich mit mir herum? Was muss ich endlich loslassen? Lebe und handle ich aus dem Bauch, aus dem Herzen heraus? Erst dann beginnen die Wegweiser zu leuchten.

Bereits im 14. Jahrhundert stellt Meister Eckehart fest: Es gibt keinen spirituellen Weg. »Wenn der Mensch etwas von außerhalb seiner selbst bezieht oder nimmt, so ist das nicht recht. Man soll Gott nicht als außerhalb von einem selbst erfassen und ansehen, sondern als mein Eigen und als das, was in einem ist.« Der Mystiker des Weges warnte damit unsere Zeit vor spirituellen Programmen, die wie im Supermarkt angeboten werden und den Versuch machen, das Leben häppchenweise zu servieren. Die Rezepte werden nicht nur mit einer Gebrauchsanweisung versehen, sondern noch dazu mit einem Garantieschein ausgestattet, als könne Heilung und Heil allein durch eine ganz bestimmte Methode erreicht werden. Viele scheitern schon an der Fülle der Angebote, manche an der falschen Methode, wohl die meisten an beidem.

Inzwischen haben sich viele spirituell Suchende damit abgefunden, dass sie, wenn ein Programm aus einem spirituellen Katalog versagt, einfach ein anderes auswählen. Am Ende wirken solche Versuche eher wie eine Schutzimpfung gegen ein spirituelles Leben. Zumindest bleibt ein schaler Geschmack, im schlimmsten Fall die Resignation und damit die Unfähigkeit für ein spirituelles Leben. Auch hier hilft die nüchterne Frage weiter: Geht es nicht einfacher?

Die Heilige Reise erfolgt zu Fuß. Fast alle Religionen kennen die Pilgerschaft, die für den Menschen zur Heiligen Reise wird, der bereit ist, aus seiner Sesshaftigkeit auszuziehen. Wer

»Den spirituellen Weg gibt es nicht. Es gibt viele Wege. Ein Berg lässt sich von allen Seiten besteigen. Auf leichten oder mühsamen, auf gefährlichen oder bequemen Routen: Sein Gipfel ist für alle da.« (Pilgerweisheit)

geht, sieht, erlebt, erfährt weit mehr als einer, der fährt. Schon 1805 notiert Johann Gottfried Seume: »Fahren zeigt Ohnmacht, Gehen Kraft.« Herz, Hand und Fuß sind die wahren Berater des Pilgers.

Die Heilige Reise führt nirgendwohin. Das eigentliche Ziel liegt im Menschen. Um auf die Heilige Reise zu gehen, braucht einer sein Haus nicht zu verlassen. Wir müssen nicht weggehen, um zu uns zu kommen, aber wir müssen aus uns herausgehen. Deswegen tritt der Pilger auf seiner Reise nicht auf der Stelle, sondern ist auf der Suche. Er möchte Gott finden und bei ihm Geborgenheit. Jede Herberge erinnert ihn an diese Suche. Jede menschliche Zuwendung wird zum Vorgeschmack des Himmels. Dieser Vorläufigkeit muss sich der Pilger bei gelegentlich aufkommenden Glücksgefühlen bewusst bleiben. Deswegen drängt es ihn, weiter zu gehen und erbauende Plätze hinter sich zu lassen. »Ultreïa!« – »Weiter, immer weiter!«, riefen sich die Pilger auf dem Jakobsweg zur Ermunterung zu.

Ohne Leere keine Fülle

Wer sich auf die Heilige Reise begibt, lässt alles los, was ihn daran hindern könnte, durch die Tür zu gehen, die in Gottes Reich führt. Wer sein Leben aufgibt, wird es gewinnen, sagt Jesus. Wer es festhält, hat das Leben schon verloren. Das Lösen von fesselnden Bindungen, das Aufgeben von alten Gewohnheiten, der Abschied von Liebgewordenem, so schwer er fällt, stehen am Anfang dieser spirituellen Reise. »Unbeweglichkeit ist für Brüder, die unterwegs sind mit Christus, Ungehorsam«, lehrte Roger Schutz, der durch einen Anschlag ums Leben gekommene Prior von Taizé, seine Weggefährten. In diesem Geist konnte er raten: »Lebe das vom Evangelium, was du davon verstanden hast, und wäre es noch so wenig.«

Wer sich auf die Reise in sein Inneres begibt, wird aus dem Staunen nicht mehr herauskommen, weil er vieles entdecken wird, wonach er sein ganzes Leben auf der Suche war. Der Mensch, der seiner inneren Stimme folgt, hat für seine Lebensreise den sichersten Kompass. Er findet seinen Weg, den noch niemand vor ihm gegangen ist. Der Weg von Zuhause bis zur Tür des Ewigen ist weniger als einen halben Zentimeter lang. Dieser Weg ist wie ein Abschiednehmen, ein kleines Sterben. Die Heilige Reise lehrt, dass es sehr lange dauern kann, bis wir diese kurze Wegstrecke bewältigt haben. Vom Kopf eines Menschen, von seinem Verstand bis zu seinem Herzen, seinem Fühlen und Mitleiden, sind es auch nur zwei Handspannen. Doch manch einer benötigt ein ganzes Menschenleben, bis eine Versöhnung zwischen beidem möglich wird. Was wir mit dem Verstand längst eingesehen haben, braucht oft unendlich lange, bis wir es auch im Herzen nachvollziehen können. Deswegen führt die Heilige Reise nicht selten durch Zurückweisung, Schmerzen, Enttäuschung und Krankheit zur Lösung und Erlösung. Dazu die folgende Geschichte: Zwei Mönche waren in eine tiefe Depression verfallen. »Da ist nichts mehr«, klagte der eine, »wie es am Anfang war. Alle Freude ist in mir gestorben. Von meiner Sehnsucht nach Gott wie in den ersten Jahren im Kloster spüre ich nichts mehr.« Der andere stimmte ihm zu: »Die Tage gehen dahin. In mir ist alles leer.« Der Abt, der über ihre Trostlosigkeit bekümmert war, führte sie aus dem Kloster hinaus an den kleinen See. Schweigend saß er mit den Mönchen eine Weile, bis er endlich sagte: »Ohne Neugierde gibt es keinen Anfang. Ohne Leere keine Fülle.« Die beiden Mönche dachten lange nach, dann kehrten sie getrost mit dem Abt in ihr Kloster zurück.

Für den Beobachter von außen mag das wie ein Treten auf der Stelle erscheinen, doch für den Pilger ist es ein stetes Vor-

An fast allen Wallfahrt- und Pilgerorten finden an hohen Festtagen oder den Gedenktagen der Heiligen, die dort verehrt werden, Prozessionen und Umzüge statt (zum Beispiel in Sevilla zur »Semana Santa«). Oft nehmen daran die Wallfahrer und Pilger teil. Manchmal stellte man dann durch die Art der Fortbewegung in den Umzügen die Mühsal dar, die der Pilger- und damit auch der Lebensweg mit sich brachten. Auch die Rückschläge, die der Pilger dabei oft in Kauf nehmen musste, symbolisierte diese Art des Gehens, der sogenannte **Pilgerschritt***: drei Schritte vor und zwei zurück. Praktiziert wurde dies vor allem in Echternach, einem kleinen Ort an der Luxemburgischen Grenze, in der sogenannten Springprozession zu Ehren des heiligen Willibrord noch bis ins letzte Jahrhundert und änderte sich erst, als durch steigende Teilnehmerzahlen die Durchführung der Prozession gefährdet war. Der Pilgerschritt war aber auch als Bußübung bekannt für die, die sich besonders kasteien wollten auf dem Weg und das Vorankommen damit noch einmal erheblich erschwerten.*

wärtskommen, mag es auch manchmal heißen: Drei Schritte vor und zwei zurück.

Der Pilger bleibt mit allem, was ihm begegnet, verbunden – gerade weil er alles loslassen kann. Es geht unterwegs ja nicht nur um sein eigenes Schicksal; es geht um das Wohl und Wehe der Menschen, die den Weg mit ihm teilen oder denen er begegnet. Auf meinem Pilgerweg, der sieben Wochen dauerte, habe ich die Nöte und Freuden der Menschen, die sich mir anvertrauten, sorgfältig in mein Tagebuch eingetragen. Am Ende des Weges habe ich sie gewissenhaft dem vorgetragen, der alles schon gehört und vernommen hat. Doch beim

»Wie der Seemann für seine Standortbestimmung wie für seinen Weg die Sterne braucht, ohne sie je zu erreichen, braucht der Mensch Ziele, auch wenn sie in weiter Ferne liegen.« (Pilgerweisheit)

Verlesen und Bedenken der Bitten und Klagen wie der Danksagungen und der Erwartungen hatte ich das tiefe Gefühl, für diese Menschen ganz Mund zu sein. Die andere Seite aber war ganz Ohr, denn ich konnte das Wort der Schrift vernehmen: »Wer mich anruft, den will ich erhören. Ich bin bei ihm in der Not und befreie ihn« (Psalm 91,15).

Der Himmel in dir

Die Heimat des Menschen ist der Himmel. Er ist das Ziel der Heiligen Reise, das auf keiner Landkarte verzeichnet ist, denn der Himmel ist im Menschen. Letztlich ist die Heilige Reise nichts anderes als ein Heimkehren. Dort werden wir alles finden, was wir schon immer gesucht haben. Ein Durchreisender allerdings wird das alles vermissen. Dazu noch eine Geschichte: Zwei Mönche lasen in den alten Schriften, dass es hinter dem Regenbogen eine Steinbrücke gäbe, die direkt ins ewige Leben führe. Als sie alt geworden waren, machten sie sich auf, die Brücke zu suchen. Unterwegs fragten sie die Menschen, wo die Brücke zu finden sei. Einige zuckten mit den Achseln, andere wiesen stumm mit dem Daumen nach Osten und sahen ihnen lange nach, wenn sie weitergingen. Schon fast am Ende ihrer Kräfte kamen sie bei der Steinbrücke in die Ewigkeit an. Doch der eine Mönch war enttäuscht, denn es waren im Wasser nur einige Steine zu sehen, die über einen kleinen Fluss führten. Auch der andere Mönch schien unentschlossen. Sie fanden am Ufer des Flusses einen Mann und befragten ihn. Er antwortete: »Wo ihr nur Steine sehen könnt, sehe ich die Brücke.« Dann ging er ihnen voraus in die Ewigkeit, Schritt für Schritt. Wer die Steine seines Lebens so sehen, einordnen und setzen kann, braucht nichts anderes zu tun, als zuzulassen, dass er geführt wird. Vielleicht wird er dann erfahren, was der Prophet Samuel mit Gott erfahren hat: »Er führte mich hinaus ins

Weite, er befreite mich, denn er hatte an mir Gefallen … Denn ich hielt mich an die Wege des Herrn …« (2 Samuel 22,20.22). Man muss das Lebensglück unterwegs suchen, nicht am Ziel, dort ist die Reise zu Ende.

3 Der Weg als Ziel

Ein fester Wille
ist die beste Wegweisung
zum Ziel.

Eintrag in meinem Pilgerbuch

Wegzeichen – Symbole des Lebens

Der spanische Pfarrer Elias Valiña hatte vor Jahren damit angefangen, den Pilgerweg nach Santiago quer durch die Landschaften und Städte mit einem gelben Pfeil zu kennzeichnen. Vermutlich mehr unbewusst hat er damit ein Symbol gewählt, das zur Ewigkeit Gottes hin offen ist. Sein Grab befindet sich in O Cebreiro, einem hoch gelegenen Wallfahrtsort in Galizien. Hier fanden die Pilger schon im Mittelalter gastliche Aufnahme.

Entlang allen Pilgerwegen finden sich Ursymbole als Wegmarken. Sie sind mehr als hilfreiche Hinweise für die Menschen, die unterwegs sind. Sie sprechen ihre eigene Sprache, denn sie entstammen dem Unterbewusstsein des Pilgernden. Zum Beispiel das Lebenskreuz, das an jeder Wegkreuzung symbolisch auftaucht. Es wird vom Menschen in seiner Vertikalen und Horizontalen stehend mit ausgebreiteten oder leicht erhobenen Armen wiederholt: Der Mensch richtet sich nach Gott aus, ohne seine Aufgabe in dieser Welt zu vergessen.

Oft sind diese Wegzeichen Markierungen, die aus dem alten Leben herausführen sollen. Für einen Pilger, der schon viele Tage unterwegs ist, bekommen die Bilder und Farben, die Kreuze, Sterne, Muscheln, Dreiecke und Pfeile ein Gesicht: »Die Zeichen sehen uns an jedem Tag, zu jeder Stunde anders an: mal hoffnungsvoll, mal hämisch und bösartig, dann wieder tröstlich und verheißungsvoll. Manchmal enttäuschen, manchmal ermutigen sie. Sie können beruhigen oder beglücken. Manchmal macht die Markierung einen schelmischen Eindruck oder runzelt ironisch die Stirn, sie schielt argwöhnisch auf uns herab, sieht die Vorbeiziehenden bestimmend und verpflichtend an, dann wieder mitleidvoll schräg von der Seite. Das Zeichen kann blutjung sein oder verbraucht, frisch oder sichtlich gealtert, einladend und abweisend. Jedenfalls immer so, wie es dem Pilger zumute ist«, so habe ich es in meinem Tagebuch notiert.

Von alters her ist die Überzeugung verbreitet, dass in den Ursymbolen Kreuz, Kreis oder Kugel, Quadrat und Rechteck eine spirituelle Energie verborgen ist, die beim achtsamen Schauen und Betrachten freigesetzt wird – mal als Energie und Schubkraft, mal als rettendes Seil, mal als ein sicher Halt. Über den eigenen Körper, über den Kopf (Kreis oder Kugel), das Herz (quadratischer Brustraum), die Beine (beim Ausschreiten sich wiederholendes Dreieck) mit diesen Symbolen verbunden zu sein, ist für viele wie die Erfahrung einer neuen Welt, die ihnen bislang verschlossen schien.

Um diese Symbolik zu verinnerlichen, braucht es letztlich keine weiten Wege. Nordamerikanische Indianerstämme pflegen den Brauch, die Gottheit in einer Art Kreuzmeditation um neue Einsicht zu bitten. Von der Mitte aus wenden sie sich nacheinander in die vier Himmelsrichtungen: vom Gang nach Osten, dort wo die Sonne aufgeht, erhoffen sie sich Erkenntnis; vom Gang nach Westen, in den Untergang der

Sonne, Reinigung des Herzens; vom Gang nach Süden, zum Höchststand der Sonne, Lebensführung und Lebenserfahrung; schließlich vom Gang nach Norden, in die Dunkelheit, Achtsamkeit und Weisheit. Die Füße des spirituell Pilgernden zeichnen das Kreuz in das begangene Land, denn sie kehren immer wieder in die Mitte zurück, um dort dem Göttlichen zu begegnen und das in den vier Himmelsrichtungen Gefundene »absegnen« zu lassen.

Mit den Beinen beten

Auf die Frage, wo der Jakobsweg anfange, erhält man in Spanien die Antwort: Der Weg beginnt in deinem Haus. Dennoch kommt der Pilger aus einer anderen Welt. Wer sich auf den Weg macht, widersetzt sich dem gefährlichen, geradezu tödlichen Glaubenssatz, der sich mehr und mehr durchsetzen will, dieses Leben und diese Welt seien alles. Der Pilger hält dagegen an der Hoffnung fest, dass es mehr als das alles geben müsse. Zudem ist er in der Wahl seines Weges völlig frei, anders als viele Menschen heute, denen in ihrer Mobilität, in die sie durch ihren Arbeitsplatz gezwungen sind, der Weg immer vorgegeben ist.

Die Bibel kennt zwei Wege: Den einen, der sich letztlich im Nichts verliert, weil er ohne Gott gegangen wird. Den zweiten, der Gottes Wegweisung folgt, nachzulesen beispielsweise in Sprüche 8,20.35: »Ich gehe auf dem Weg der Gerechtigkeit, mitten auf den Pfaden des Rechtes. So spricht der Herr: Wer mich findet, findet Leben. Doch wer mich verfehlt, der schadet sich selbst.« Gehen, und alles andere ergibt sich. »Beten mit den Beinen« hat das einer genannt. Wir könnten das Pilgern auch als eine besondere Art der Erlebnisfrömmigkeit bezeichnen. Sie spricht, wie der Tanz, Leib und Seele an. Es gibt Wallfahrtsorte wie Chartres oder Echternach, an denen sich Tanzen und Pilgern zu einem verbinden: Glauben mit Hand und Fuß, mit Herz und Mund. »O Mensch, lerne tanzen, sonst wissen die Engel im Himmel mit dir nichts anzufangen«, schrieb Aurelius Augustinus. Der Tanz fordert wie das Pilgern den ganzen Menschen heraus. Wer tanzt, muss in seiner Mitte verankert sein, wer pilgert, darf nicht besessen sein von der Gier nach Sachen oder Menschen. Pilgern und Tanzen schaffen den befreiten, den schwingenden, den vorausgehenden Menschen. Im pilgernden Tanz hält der Fuß mit den Gedanken Schritt. Das Gefühl für das Ganze des Weges wird dann von den Schläfen bis in die Zehenspitzen spürbar.

Ganz anders die fundamentalistische Einstellung, die sich in allen Religionen breitmachen will. Sie ist davon überzeugt, dass Religion unbedingtes Festhalten, kompromissloses Standhalten, opferbereites Aushalten bedeutet, notfalls unter dem Einsatz von Zwang und Gewalt. Den Fundamentalisten schreibt der polnische Lyriker Stanislaw Lec ins Stammbuch: »Wehe den Geradlinigen, wenn die Kurven kommen.«

Gegen den Strom der Zeit schwimmen, ist eine weitere Herausforderung des Pilgers. Er entschleunigt die Hetze unserer Zeit und den »Volldampf im Leerlauf«, vor dem Bischof Kamphaus die Menschen eindrucksvoll warnte. Der Pilger stellt sich gegen Gewohnheiten. Er vertreibt die Zeit nicht, sondern genießt sie Schritt für Schritt. Er schlägt die Zeit nicht tot, sondern füllt sie mit Leben.

Mühsal und Beschwerden

Der Pilgerweg ist ein Weg durch die Krise. Zuerst wird sich der Körper bemerkbar machen. »Wir zahlen bald den Wegezoll aller Pilger: Blasen, Schrunden und offene Wunden machen das Gehen nach einigen Tagen zur Qual. Die Schmerzen

Der **Pilgerweg** *ist kein gemütlicher Ausflug. Im Mittelalter war er ein ganz* **bewusster Bußweg***, eine auferlegte Strafe für Verurteilte, gelegentlich konnte so einer der Todesstrafe entkommen. Manchmal brachte ein Gelübde den Hilfe oder Heilung Suchenden auf den Weg, oder die Pilgerschaft war ein Teil versprochener Wiedergutmachung. In jedem Fall galt es den körperlichen Widerstand, den »inneren Schweinehund« zu überwinden.*

verstärken sich mit jedem Schritt, in den Beinen, den Knien, im Rücken. Der Nacken verspannt sich; die Trageriemen des Rucksacks graben sich ein. Nach einer Rast wird das Aufstehen und Weitergehen fast zur Tortur. Und doch setzen wir einen Fuß vor den anderen …«, so lese ich in meinem Pilgerbuch.

Zu den Beschwerden der frühen Zeiten habe ich einiges im Pilgerbericht vermerkt: »War der Sinn des Pilgers auch auf das Jenseits gerichtet, auf die Begegnung mit dem Heiligen und Außergewöhnlichen, er musste sich doch mit dem Irdischen und allzu Menschlichen herumschlagen. Das große Ziel gab ihm zwar die Kraft weiterzugehen, doch die Mühsal, die Lasten, die Beschwerden, die Wunden und Krankheiten galt es zu tragen und zu überwinden. So gehören die Rezepte und Ratschläge gegen Blasen und offene Wunden an den Füßen, gegen Husten, Nasenbluten, Erbrechen und Durchfall, gegen Lungenentzündung und Auszehrung zum täglichen Austausch unterwegs, in den Klöstern und Hospizen. Die Empfehlungen sind oft recht seltsam, manchmal schon am Rande der Magie und des Aberglaubens angesiedelt. Zu den Tinkturen und Wässerchen, zu geweihtem Wachs und Hirschtalg kommen oft Stoßgebete, Beschwörungsformeln und das Auflegen von Reliquien. Heilerfolge werden in Windeseile weitererzählt und durch Geschichten ausgeschmückt.«

Den Weg gibt es nicht. Mal ist er der Rand einer viel befahrenen Asphaltstraße, mal ein ausgefahrener Feldweg. Dann ein schmaler Pfad durch Gärten und Äcker, eine Spur nur durch kühle Schluchten und an kleinen Wasserläufen entlang. Ein Karrenweg durch Weingärten und Obstplantagen mit verführerischen Früchten. Ein mühseliger Steig durch Brombeerhecken, mannshohen Ginster, kratzige Wachholderbüsche, starsinnigen Buchsbaum. Ein Traum, verziert mit Klatschmohn, Malven oder Heckenrosen. Eine Allee, eine Promenade, mit einem Schloss am Ende und erzwungener Umkehr. Ein Irrgarten, ein Verwirrspiel im Planquadrat der großen Städte. Dann ein Ortsverbindungsweg und wieder der harte, hallende Rand einer Staatsstraße, gar der Streifen an der neuen Autobahn. Mal eine Schlacht mit dem Schlamm, mal eine Sandgrube, ein toter Bachgraben, ein aufgelassenes Bahngleis. Das alles ist der Pilgerweg und noch viel mehr.

»Das ist mein Weg, welches ist dein Weg? Den Weg gibt es nicht.« (Friedrich Nietzsche)

Der Mensch auf dem Weg befindet sich in einem Ausnahmezustand. Er macht seinen Körper frei vom Ballast der Vergangenheit. Diese Entschlackungskur gilt gleichermaßen für den Körper, den Geist wie die Seele. Der Weg in die Freiheit ist lang und beschwerlich, aber der Weg macht frei.

Schweiß, Mühsal und der Geschmack der Massen

Die Pilgerschaft ist nichts für Ästheten. Sie riecht nach Schweiß, Mühsal und dem Geschmack der Massen, sagt ein Pilgerwort. Dieser Geschmack war oft so stark, dass in den Kirchen und Kapellen, die über Nacht als Schlafplätze genutzt wurden, Weihrauch für eine bessere Luft und als

»›Umarmt für mich den Apostel!‹« Als beschwörende Bitte, den Rücken gebückt, mit abgearbeiteten Händen ruft es der Bauer aus dem Rübenfeld. Umarmt den Apostel im fernen Santiago für mich. Nehmt meine Not mit und meine kranke Frau. Die Kinder sind längst abgewandert in die Stadt mit ihren Lichtern. Die Alten bleiben immer allein. Wer nimmt uns mit? Dem Apostel sei es geklagt.« (Eintrag in meinem Pilgerbuch)

Desinfektionsmittel verbrannt wurde. Auf nichts anderes geht die berühmte Zeremonie mit dem riesigen Weihrauchfass aus Silber zurück, das, von sieben Männern geschwungen, seine Bahn durch das Querschiff der Kathedrale von Santiago de Compostela zieht. Rituale haben manchmal einen ganz banalen Ursprung. Wer heute nach langem Weg diesen festlichen Ritus erlebt, unterstützt durch den Klang der Spanischen Trompeten, muss diesen Ursprung nicht kennen. Er darf sich einlassen in dieses festliche Zeremoniell, das dem Pilger, dem Weg und dem Ziel gleichermaßen gilt.

Ganz offen zeigt der heilige Rochus, ein Wegbegleiter der Pilger, seine Wunden. Auf vielen Darstellungen streckt er sein nacktes Bein vor und deutet auf die Pestbeulen, die er sich bei der Pflege von Kranken zugezogen hatte. Ein Pilger muss damit rechnen, unterwegs verwundet zu werden – vom Leid der Gefährten, vom Unrecht und der Zurücksetzung, die ihm unterwegs widerfahren, auch von den Nöten und Schrecken, denen er begegnet, von den Entbehrungen, die er zu tragen hat. Das alles will ihn lehren, Anwalt derer zu werden und zu sein, die sich nicht auf den Weg machen oder ihre Belastungen loslassen können. Er kann, wenn er nur sehen und verstehen will, die Not anderer erkennen, vielleicht sogar teilen und mittragen.

Fast an jedem Tag steht man als Pilger vor der Entscheidung, nach rechts oder nach links zu gehen. Oft fehlt gerade an einer Wegscheide die hilfreiche Markierung. Selten ist die Wahl so dramatisch, wie sie der Prophet Jeremia dem Volk Gottes im Alten Testament vorgelegt hat: »So spricht der Herr: Seht, den Weg des Lebens und den Weg des Todes stelle ich euch zur Wahl« (Jeremia 21,8). Und doch, so die spirituelle Erfahrung der Pilger, ist jede Entscheidung eine kleine Entscheidung auf Leben und Tod hin. Die Freiheit zu gehen ist mit dem Zwang zu wählen verbunden. Vieles am Weg kann vom Ziel ablenken. Die Pilgerwege der Welt sind mit Namen und Schicksalen von Menschen gesäumt, die aufgeben haben. Auf dem Friedhof eines französischen Dorfes wunderte sich beispielsweise ein Pilger über etliche deutsche Namen auf den Grabsteinen, die sich über Jahrhunderte erhalten hatten. Der Wärter gab lächelnd und wohlwollend Auskunft: »Was sie in der Ferne suchten, haben sie in unserem Dorf offenbar gefunden.«

In der griechischen Mythologie wird die Entscheidung im Bild zweier Frauen, einer lasterhaften und einer tugendsamen, ausgedrückt. Der Held Herakles entscheidet sich für den mühsamen Weg der Tugend.

Jede Entscheidung hat ihre Konsequenzen. Nicht nur für den einen Tag, manchmal sogar für ein ganzes Leben. Viele haben es erfahren, dass eine Fehlentscheidung offenbar »gewollt« war. Sie hat zu einer überraschenden und ihr Leben verändernden Begegnung geführt. Dann erweist sich ein Zufall als Fügung.

Der Buchstabe Y steht symbolisch für die Entscheidung. Y-Situationen gibt es Tag für Tag. Sie verändern uns. Birgitta von Schweden zum Beispiel wird auf ihren Pilgerfahrten nach Jerusalem und Santiago de Compostela zu einer selbstbewussten Frau, im 14. Jahrhundert eher eine ungewöhnliche Seltenheit. Vor den Mächtigen ihrer Zeit steht sie ein für Gerechtigkeit und Gleichberechtigung. Der Weg hatte sie so entscheidend verändert, dass sie es wagte, gegen die menschenunwürdige Behandlung von Sklaven aufzustehen und gegen die sexuelle Ausbeutung von Mädchen und Frauen zu protestieren. Für sie wie für alle anderen gilt: Noch nie ist ein Pilger so zurückgekommen, wie er losgegangen ist.

»Le mejor camino, el recto«, ruft der Spanier dem Pilger zu: Der beste Weg ist der richtige. Doch welcher Weg ist der beste? Diese Frage begleitet uns ein Leben lang, und erst unser Ende wird uns die Antwort geben. Jeder Tag, fast jede Stunde stellt uns vor eine Entscheidung. Das ist der bittere Preis der Freiheit, dass wir wählen müssen. Doch in der Wahl offenbart sich die Freiheit, zu der wir gefunden haben.

Im Buch Genesis im Alten Testament finden wir die Geschichte von Abram und Lot: Als das Land für beide Herden des Abram und des Lot nicht ausreichten, wurden die beiden Patriarchen, die für das Wohl und Wehe ihres jeweiligen Stammes verantwortlich waren, vor eine schwere Entscheidung gestellt. Abram löste das Problem auf die menschlich einfachste und zugleich schwerste Weise: »Da sagte Abram zu Lot: Zwischen mir und dir, zwischen meinen und deinen Hirten soll es keinen Streit geben; wir sind doch Brüder. Liegt nicht das ganze Land vor dir? Trenn dich also von mir! Wenn du nach links willst, gehe ich nach rechts; wenn du nach rechts willst, gehe ich nach links« (Genesis 13,8.9). So einfach können Entscheidungen sein, um Konflikte von vornherein zu vermeiden. Wer diesen Weg einschlagen kann, einem anderen die Entscheidung zu überlassen, ist in seiner spirituellen Pilgerschaft schon sehr weit gekommen.

Aber es bleibt dabei, dass jede Entscheidung mit einem Risiko verbunden ist. Der Mensch liebt vom Grund seiner Seele her das Risiko, sonst verspürte er nicht die Sehnsucht, aus sich herauszugehen: »Wachsen heißt, sich ändern, und vollkommen sein, sich oft geändert zu haben«, fasste das der englische Theologe und Kardinal John Henry Newman zusammen. Jede Änderung setzt wie das Einschlagen eines anderen Weges eine Entscheidung voraus. Entscheidungen zu vermeiden, würde den Pilger nicht weiterkommen lassen. Fast jeder seiner Schritte ist eine kleine Entscheidung, erst recht, wenn er an eine Abzweigung oder an eine Kreuzung kommt. Eine gewisse Zwiespältigkeit gehört zu jeder Entscheidung, denn meist gibt es mehrere Möglichkeiten.

Weggefährten

Für einen, der unterwegs ist, ist es gut, wenn er einen Gefährten findet. Viele treffen sich auf dem langen Weg, doch nicht alle passen zueinander. Meist löst sich die abendliche Runde in der Herberge am nächsten Tag wieder auf. Selbst wer einen Gefährten gefunden hat, geht seinen Weg letztlich allein. Und doch ist der Austausch mit einem Begleiter hilfreich, besonders dann, wenn der eine an seinen »toten Punkt« kommt und umkehren möchte. Die Ermunterung durch den anderen hilft über solche Stimmungen hinweg. Schon der biblische Weisheitslehrer weiß: »Zwei sind besser als einer allein, falls sie nur reichen Ertrag aus ihrem Besitz ziehen. Denn wenn sie hinfallen, richtet einer den anderen auf. Doch wehe dem, der allein ist, wenn er hinfällt, ohne dass einer bei ihm ist, der ihn aufrichtet. Außerdem: Wenn zwei zusammen schlafen, wärmt einer den anderen; einer allein – wie soll er warm werden? Und wenn jemand einen Einzelnen auch überwältigt, zwei sind ihm gewachsen, und eine dreifache Schnur reißt nicht so schnell« (Kohelet 4,9ff.). Der Prophet Mohammed stellte fest: »Alleinsein ist besser als ein schlechter Gesellschafter, aber ein rechtschaffener Gefährte ist besser als Alleinsein.«

Auch wenn »Gefährte« sprachgeschichtlich nichts mit Gefahr zu tun hat, wie man annehmen möchte, sondern auf »Fahrtgenosse« zurückgeht, ist es doch eine tröstliche Erfahrung, einen Menschen zur Seite zu haben, der mit mir zusammen allen Gefahren und Widrigkeiten trotzt. Nicht von ungefähr gibt die schöne biblische Erzählung von der Moabiterin, die ihrer Schwiegermutter die Treue hält und mit ihr in ein für sie fremdes und oft genug feindseliges Land geht, den Namen Rut. Er bedeutet Gefährtin, Freundin. Sie spricht in der Stunde der Entscheidung den Satz, der zur Weltliteratur gehört und den ich oben schon einmal zitiert habe: »Wohin du gehst, dahin gehe auch ich, und wo du bleibst, da bleibe auch ich. Dein Volk ist mein Volk, und dein Gott ist mein Gott. Wo du stirbst, da sterbe auch ich, da will ich begraben sein. Nur der Tod wird mich von dir scheiden« (Rut 1,16.17).

Vor tausend und mehr Jahren war das Pilgern ein gefährliches und beschwerliches Unternehmen. Wenn es da einen Menschen gab, der das Unternehmen teilte, fiel der Weg nur halb so schwer. Diese Erfahrung, die auch heute noch gilt, auch wenn der Weg längst nicht mehr so gefährlich ist, übertragen wir gerne auf das ganze Leben: Jede Partnerschaft baut auf den Weggefährten, in guten wie in schweren Zeiten. In einem solchen Fall sprechen wir vom Lebensgefährten.

»Wohin du gehst, dahin gehe auch ich, und wo du bleibst, da bleibe auch ich. Dein Volk ist mein Volk, und dein Gott ist mein Gott. Wo du stirbst, da sterbe auch ich, da will ich begraben sein. Nur der Tod wird mich von dir scheiden.« (Rut 1,16.17)

Von Begleitern und Begleitung

In allen Religionen spielt die Freundschaft eine große Rolle. Der Buddhismus kennt das Ideal des »Edlen Freundes«, der sich sanft, aber bestimmt der Schwächen seines Gegenübers annimmt und ihn mit seiner Blindheit konfrontiert. Die Kelten kennen den »Seelenfreund«. Dieses Ideal hat sich aus dem Bruder entwickelt, der im Kloster mit einem anderen die Zelle teilte. Dem Seelenfreund kann man alles offenbaren. Jesus selbst sagt zu denen, die mit ihm unterwegs sind: »Ich nenne euch nicht mehr Knechte. (...) Vielmehr habe ich euch Freunde genannt« (Johannes 15,15). Eine Freundschaft erfordert viel Zuwendung und Geduld. Wo wäre sie besser zu finden und zu üben als unterwegs, wo einer auf den anderen angewiesen ist, manchmal sogar auf Leben und Tod?

Wer lange genug geht – vor allem, wenn er allein geht –, schwingt sich in den Rhythmus seines Atems ein. Der Atem verbindet sich mit den Schritten seiner Füße. In diesem Rhythmus bekommt man als Pilger einen Blick für die Welt zwischen dem Sichtbaren und dem Unsichtbaren, zwischen dem Begreifbaren und dem Unbegreiflichen. Vor allem in der Nacht, wenn man im Freien unter dem Sternenhimmel eingeschlafen ist. Das ist ein besonderes Erlebnis, wenn in diesen Stunden die Seele aus sich herausgeht, mit den zurückliegenden Ereignissen des Tages und des Weges spielt und ihnen eine eigene Deutung gibt. Hier erfährt man den Weg noch einmal ganz anders, als das in Unterkünften und Herbergen möglich ist. Wann immer es möglich ist: Verbringen Sie als Pilger die Nacht unter dem Zelt Gottes. Die Nacht ist ja nicht nur die Zeit der Finsternis und der Angst. Sie kann auch das Gefühl von Geborgenheit schenken, wenn Sie sich in der Dunkelheit wie in einen Mantel eingehüllt fühlen. Wann und wo wird einem Menschen noch dieses tröstliche Dunkel der Nacht zuteil?

Viele spüren unterwegs, dass sie nicht alleine sind, selbst wenn sie ohne Begleitung wandern. Sie haben das Gefühl, in der Nacht und auch in der Gefahr beschützt zu sein. Manche sehen darin die Anwesenheit ihres oder eines Engels. Die Begegnung mit dem Engel an der Seite weckt in ihnen ein tiefes Gefühl der Zugehörigkeit zur Welt Gottes. Wenn sie so die Nähe und die Wärme spüren, die ihnen in dieser Begleitung entgegenkommt, gehen sie mit neuer Energie und haben auch die Kraft, anderen Mut zu machen und sie mitzureißen, wenn sie müde oder schwankend geworden sind. Sie werden selbst zum Engel. Aus Fremden werden Freunde. Wo solche Engel unterwegs sind, geht der Himmel mit.

»Denn der Herr befiehlt seinen Engeln, dich zu behüten auf all deinen Wegen. Sie tragen dich auf ihren Händen, damit dein Fuß nicht an einen Stein stößt.« (Psalm 91,11–12)

Nicht alle hatten das Geld für ein üppiges Pilgerleben, zumal in früheren Zeiten auch für den langen Rückweg gedacht und gespart werden musste. In vielerlei Hinsicht war der Heimweg ja besonders schwierig. Sehr beliebt waren deswegen die Heiligenfeste, die in den Städten und Klöstern oft mit großem Aufwand gefeiert wurden. Die Termine waren in Pilgerkreisen bekannt, denn bei diesen Feiern fiel so manches ohne sonderliche Auslagen für die Pilger ab. Wen wundert es da, dass einige der Versuchung nicht widerstehen konnten, gelegentlich ein kleines Wunder zu »Ehren« eines oder einer Heiligen zu arrangieren, um das Fest und die Geberlaune der

Die Pilger aus den deutschsprachigen Ländern vertrauten sich gerne dem **Erzengel Michael** *als Wegbegleiter an. Diese Vorliebe brachte den Deutschen den Titel »Deutscher Michel« ein; eine Bezeichnung, die bereits seit der Mitte des 15. Jahrhunderts, der Blütezeit des Pilgerns, nachweisbar ist.*

Einheimischen zu steigern oder zu verlängern? Von einem solchen frommen Spitzbuben wird berichtet, dass er sich von einem stadtbekannten Bettler die Krücken ausgeliehen hatte, um sie dann vor aller Augen vor dem Altar wegzuwerfen, laut rufend: »Leute, welch ein Wunder! Ich kann wieder gehen!« Erst als der hintergangene Bettler seine Krücken zurückholte, flog der Schwindel auf, und der Wundermann wurde unter Schlägen und Peitschenknall aus der Stadt vertrieben.

Pilgern in Stellvertretung

Manchmal unterstützten die in vielen Städten entstandenen Bruderschaften oder die Pfarrgemeinden einzelne Pilger. Diese mussten dann versprechen, die Anliegen der Gemeinschaft am Ziel stellvertretend vorzutragen.

Andererseits gab es Adelige oder Reiche, die weder die Zeit noch Sinn für eine Pilgerfahrt hatten und sich auch nicht deren Mühen unterziehen wollten. Sie finanzierten dann einem Knecht den Pilgerweg, der nicht in seinem eigenen Namen unterwegs sein durfte, sondern nur in ihrem, oder sie suchten sich auf dem religiösen Markt einen Stellvertreter,

Bruderschaften *waren Zusammenschlüsse ehemaligen Pilger in ihren Heimatorten, die sich ebenfalls der Pilger annahmen. Sie bekannten sich zu einer dreifachen Aufgabe: die Pilgerfahrt durch Werbung und Beratung zu fördern; Herbergen und Spitäler vor Ort zu errichten und zu unterhalten; das geistliche Leben ihrer Mitglieder über die bloße Erinnerung an die Pilgerfahrt hinaus zu pflegen. In vielen Gemeinden, die an den weit verzweigten Pilgerwegen lagen, entstanden spirituelle Zentren, die über Jahrhunderte Bestand hatten und heute vielerorts neu belebt werden, beispielsweise durch »Jakobusgesellschaften«, Pilgerherbergen und Bildungshäuser mit spirituellen Angeboten.*

der das für sie tat. Manche unternahmen so, finanziell bestens ausgestattet, mehrere Pilgerreisen hintereinander im Auftrag von irgendwem, der es sich leisten konnte, die Mühen nicht selbst auf sich nehmen zu müssen. Mit dem Berufspilger war eine lukrative Geschäftsidee geboren, die allerdings die Pilgerschaft in Misskredit brachte und bald so überhand nahm, dass die Kirche dagegen mit schweren Strafen bis hin zur Aberkennung der Pilgerfahrt und der Verweigerung eines kirchlichen Begräbnisses einschreiten musste.

Gastfreundschaft

Kumpan – was heute eher ein abschätziger Begriff ist, vor allem im Zusammenhang mit Kumpanei, war im Mittelalter der getreue Gefährte, der so weit ging, sein letztes Stück Brot mit einem zu teilen. Unser deutsches Wort »Kumpel« hatte ursprünglich diese Bedeutung, bevor es einen eher abschätzigen Akzent bekam. Das Brot teilen ist spätestens seit der Abendmahlsgeschichte im Neuen Testament von großer spiritueller Bedeutung: Wer ein Stück Brot teilt, gibt ein Stück von sich selbst. Mehr noch, er beschenkt Gott selbst. Jesus sagt das unter dem Bild der Gerichtsrede: »Der König wird denen auf der rechten Seite sagen: Kommt her, die ihr von meinem Vater gesegnet seid, nehmt das Reich in Besitz, das seit der Erschaffung der Welt für euch bestimmt ist. Denn ich war hungrig, und ihr habt mir zu essen gegeben; ich war durstig, und ihr habt mir zu trinken gegeben; ich war fremd und obdachlos, und ihr habt mich aufgenommen« (Matthäus 25,34.35).

> *»Gastfreundschaft will Freundschaft anbieten, ohne den Gast zu binden, und Freiheit, ohne ihn sich selbst zu überlassen.« (Henri Nouwen)*

Unser Wort Teilhaber mag heute verschiedene Bedeutungen haben und sogar rechtlich abgesichert sein. Es meint aber in seinem ursprünglichen Sinn Menschen, die einen anderen annehmen und mit ihm alles teilen, was sie selbst haben. Derjenige, der teilt, braucht dazu einen Grund, etwas, das ihn dazu treibt, teilen zu wollen. Meistens ist es die Sympathie oder noch mehr: die Liebe zu einem Menschen, den man für sich selbst als ganz besonders erkannt hat. Für Christen war und ist ihr »Motor« für das Teilen von dem, was sie haben, die Botschaft Jesu. Deswegen nannten sie ihre gemeinsame Feier »Brotbrechen«, in Erinnerung daran, dass Jesus mit seinen Jüngern das Brot geteilt und auf sich selbst als das Lebensbrot hingewiesen hatte.

Fest verwurzelt im Gedächtnis der Menschen – sie werden spontan und ohne kirchliche Verfahren zur Heiligsprechung »heilig« genannt – sind jene Beispielhaften, denen das Teilen zur Selbstverständlichkeit geworden war: Martin teilt den Mantel, der den Bettler vor dem Erfrieren bewahrt, Elisabeth bringt das Brot, das die Hungernden wie Rosen in ihre Hände nehmen, Franz von Assisi macht die ganze Schöpfung für die Menschen zu Geschwistern, die Sonne und die Sterne, das Feuer und das Wasser. Die ebenfalls unvergessliche Mutter Teresa steht am Tor des Todes, das Leben heißt, um selbst dem erbärmlichsten Leben noch Würde und Wert zu geben.

Vom Brot und anderem Nährenden

Mit dem Brot ist es ohnedies eine besondere Sache. Erst vor 900 Jahren wurde in Europa allmählich die alltägliche Grundnahrung Brei und Fladen durch lockeres Brot verdrängt. Nur die Oberschicht konnte sich feines Brot leisten. Das Brot galt als Essen der Herren und als Festtagskost. Der kleine Mann

»Für die Zubereitung von Aligot nehme man gekochte Kartoffeln, zerstampfe sie zu Brei, vermische sie noch warm mit Käse, nicht zu viel, um der Barmherzigkeit willen aber auch nicht zu wenig, verrühre sie zu einer Masse und verköstige damit die Pilger.« (Aus einer Klosterküche)

kannte Brot nur vom Hörensagen oder aus dem sonntäglichen Gottesdienst. Schon von daher bleiben die Zeichen von Brot und Wein etwas ganz Besonderes.

Der soziale Stand konnte im Mittelalter an der Art des Brotes abgelesen werden: Je feiner und weißer das Brot desto angesehener war der, der es verzehren konnte. Menschen, die nach wie vor gemeinsam aus einer großen Schüssel ihren täglichen Brei löffelten, gehörten zur Unterschicht. Ihren »Brei auslöffeln«, das mussten viele einfache Menschen noch bis weit bis ins letzte Jahrhundert hinein. In Erinnerung an diese Zeiten kann man noch heute auf den Alphütten den Riebel, die Mahlzeit der einfachen bäuerlichen Familien, bekommen. Das Gericht wird meist aus Maisgrieß in Milch aufgekocht, dann in der Pfanne mit ein wenig Butter geröstet und mit heißer Milch durchaus dreimal am Tag verzehrt. In vielen Pilgerherbergen gab es diese Mahlzeit noch bis vor ein paar Jahren.

Eine alte Hospizregel sagt: »Wenn der Pilger kommt, dann bekomme er ein Pfund Brot, ein Maß Wein. Am Sonntag davon nur die Hälfte, damit er weiterziehe.« Aufnahme und Verpflegung waren kostenlos. Aber es galt die Regel: Der Pilger gibt, wenn er nimmt. Er gibt, was er hat. Hat er nichts, so segnet er die, die geben können. Kein Wunder, dass sich bei den Pilgern des Mittelalters schnell jene Herbergen herumsprachen, in denen dem Gast das zum Willkommen gereicht wurde. Sie nahmen deswegen auch gerne Umwege in Kauf.

Mancherorts wurden aber die Pilger, vor allem, wenn sie in Massen auftraten oder sich um der Vorteile willen nur den Anschein von Pilgern gaben, zur Plage. Je mehr Pilgerzeichen einer zeigte, desto verdächtiger wurde er den Einheimischen. Daraus entstand in Frankreich sogar das Sprichwort: »Mit Schulden beladen wie ein Jakobspilger mit Muscheln.« Ein Spottlied aus jenen Tagen singt: »Wir Jacobsbrüder mit großen Hauffen im Land sind hin und her gelaufen. Von Sanct Jacob / ach, und gen Rom singen und betteln ohne Schom gleich anderen presthaften Armen. / Offt thut uns der Bettelstab erwarmen in Händen / alsdann wir es treiben unser Lebtag / faul Bettler bleiben.«

Heute geht es in Refugiones und Pilgerherbergen wieder bescheidener zu: Meist gibt es eine kräftige Suppe, die oft von Mitpilgern zubereitet wird, die ein paar Tage Rast einlegen und den Herbergseltern zur Hand gehen können. Zur Suppe legen die Pilger alles, was sie im Rucksack haben, auf den Tisch, und dann isst jeder von dem, was es im Angebot gibt: Schokolade und Wassermelonen, harten Käse und frische, aus einem Weinberg »geerntete« Trauben, trockene Kekse oder den Rest einer nicht mehr ganz so frischen Blutwurst.

Ein Pilger, der wieder einmal »richtig essen« wollte, berichtet in seinem Tagebuch: »Wir kamen zu einer Gastwirtschaft und fragten die Wirtin, ob sie eine Kleinigkeit zu essen habe. Wir gerieten an die Falsche: Wenn wir schon nicht richtig essen wollten, schnarrte sie uns in ihrer beachtlichen Körperfülle an, sollten wir es lieber ganz bleiben lassen. Beleidigt entschwebte sie nach oben in den Gastraum, und wir entschlossen uns angesichts ihrer schlimmen Drohung für ›richtig essen‹ und kletterten hinter ihr eine schmale Stiege hinauf ins einfache Obergemach.« Dort gab es, ebenfalls sorgsam ins Pilgerbuch eingetragen:

Bäuerliche Gemüsesuppe
Schinken auf Honigmelone
Leberpastete mit Weißbrot
Kartoffeltopf mit Zucchini, Tomaten, Zwiebeln,
viel Knoblauch und Rindfleisch
Hammelkotelett mit Salat
Käse und Obst
Rotwein

Der Berichterstatter schließt mit der Bemerkung: »Das ist ein Pilgerleben, wie wir es uns für immer wünschen möchten.«

»Wer Gastfreundschaft übt, bewirtet Gott selbst«

Der Apostel Paulus mahnt im Hebräerbrief des Neuen Testaments: »Vergesst die Gastfreundschaft nicht; denn durch sie haben einige, ohne es zu ahnen, Engel beherbergt.« Die Menschen an den Pilgerwegen haben das sehr ernst genommen. Der Talmud, eine Schriften- und Traditionssammlung der Juden, ähnlich der Bibel, aber sehr viel umfangreicher, geht noch einen Schritt über die Engel hinaus, wenn er sagt: »Wer Gastfreundschaft übt, bewirtet Gott selbst.« Viele Legenden belegen diese besondere Nähe und Gegenwart Gottes auf dem Pilgerweg und ermuntern auf diese Weise zur Gastfreundschaft, wie sie gleichzeitig auch drastisch vor ihrer Verletzung warnen. Das zeigt die folgende Geschichte: Ein Pilger bat in einem Dorf um Unterkunft für eine Nacht. Von Haus zu Haus wurde er abgewiesen. Schließlich konnte er im letzten Haus bei einer bettelarmen und kinderreichen Familie unterschlüpfen. Vor den Augen der vielen hungrigen Mäuler bekam er sogar den Rest der Tagessuppe vorgesetzt. Am nächsten Morgen segnete er das Haus und ging auf den Weg. Doch in der folgenden Nacht brannte ein Feuer alle Häuser

»Ich reiche dir eine Tasse Tee: Du bist in meinem Zelt für diese Nacht willkommen. Ich gieße dir eine zweite Tasse Tee ein: Du bist mein Freund, bleib, so lange du willst. Ich biete dir eine dritte Tasse an: Geh! Ich will mit dir nichts zu tun haben.« (Alte Beduinenregel)

des Dorfes nieder. Nur das Haus des Armen blieb stehen. Löffel, Teller und Trinkbecher, die der Pilger benutzt hatte, waren zu purem Gold geworden. Vom Erlös konnte die Familie lange Zeit leben.

Die Gewährung der Gastfreundschaft war in der nomadischen Gesellschaft eine Selbstverständlichkeit. Um die Gastgeber nicht zu überfordern, galt das in der Regel für eine Nacht. Die Religion hat die Menschen für dieses Verhalten weiter sensibilisiert. Schließlich war Gastfreundschaft lebensnotwendig, vor allem in einer Zeit, in der die gewerbsmäßige Beherbergung von Reisenden und Pilgern noch unbekannt war. Gastfreundschaft wurde zum Kennzeichen der gegenseitigen religiösen und sozialen Verantwortung; sie schenkte nicht nur Bewirtung und ein Dach über den Kopf, sondern war auch um den Schutz von Leib und Leben besorgt. Andererseits galt es als ein todeswürdiges Verbrechen, die Gastfreundschaft zu verweigern oder sie zu missbrauchen. Die frühchristlichen Gemeinden und die alte Kirche haben die Worte Jesu »Ich war fremd, und ihr habt mich aufgenommen« sehr ernst genommen.

In allem Tun und Lassen gegenüber dem Pilger schwingt die sogenannte Goldene Regel mit: »Was ihr von anderen erwartet, das tut ebenso auch ihnen« (Lukas 6,31), die als Erfahrung der Menschen in allen Kulturen, zumeist aber in einer negativen Form: »Was du nicht willst, das man dir tu, das füg auch keinem anderen zu« verbreitet war. Jesus prägt diese Weisheit in seiner positiven Grundeinstellung neu und führt sie noch weiter: Die Beziehungen zu den Menschen sollen um

Gottes willen nicht auf Berechnung aufgebaut sein, sondern darüber hinausgehen: »Wenn ihr nur die liebt, die euch lieben, welchen Dank erwartet ihr dafür? Und wenn ihr nur denen Gutes tut, die euch Gutes tun, welchen Dank erwartet ihr dafür? Und wenn ihr nur denen etwas leiht, von denen ihr es zurückzubekommen hofft, welchen Dank erwartet ihr dafür? Ihr aber sollt eure Feinde lieben und sollt Gutes tun und leihen, auch wo ihr nichts dafür erhoffen könnt« (Lukas 6,32ff.).

Rastplatz

An den großen Straßen, die schon im Mittelalter jeden Tag einige hundert Pilger zu verkraften hatten, entstanden neben den Gasthöfen und Kaschemmen Herbergen, Hospize und bald auch Hospitäler und Pflegeeinrichtungen für Menschen, die wegen eines Unfalls oder einer schweren Erkrankung nicht mehr weiterziehen konnten. Die sogenannten Siechenheime, meist am Rand der Städte, wegen der Seuchengefahr nicht selten außerhalb der Mauern gelegen, standen Einheimischen wie Pilgern gleichermaßen zur Verfügung. Um die Kranken kümmerten sich neben Fachkräften auch alleinstehende Frauen und Männer wie die Beginen und Begarden, die ab dem 13. Jahrhundert als religiöse Gemeinschaften ohne Ordensgelübde entstanden. Bald übernahmen kirchliche Orden und Bruderschaften den Schutz der Wege und die Versorgung der Pilger.

Vor allem nach dem Verlust des Heiligen Landes durch die Ausbreitung des Islam bildeten sich in den unterschiedlichen europäischen Nationen Gruppen von Ordensrittern. Sie wurden von den jeweiligen Herrschern mit besonderen Rechten ausgestattet und entwickelten ihr Eigenleben, was sich vor allem im sozialen und karitativen Bereich auswirkte. Ihr

Die wichtigsten Ritterorden waren: Die **Templer**, *deren Orden Anfang des 12. Jahrhunderts in Jerusalem gegründet wurde und die sich den Schutz der Pilger im Heiligen Land vor sarazenischen Überfällen auf die weiße Fahne mit dem roten Kreuz geschrieben hatten.*

Die **Johanniter** *sind als Krankenpflegeorden ebenfalls in Jerusalem entstanden. Der Johanniterorden, die älteste Gemeinschaft dieser Art, kam wie die anderen Orden auch zu reichem Besitz, vor allem durch Schenkungen, die ihm von Pilgern, Ordensrittern oder Landesherren gemacht wurden. Als Beispiel für viele Zuwendungen übertrug Markgraf Albrecht der Bär, der Gründer der Mark Brandenburg, nach seiner Pilgerfahrt in den Jahren 1158 und 1159 dem Johanniterorden einen größeren Besitz unter der Bedingung, dass der Erlös daraus »den im Spitale zu Jerusalem weilenden Armen alljährlich überschickt würde«.*

Zu den beiden Gemeinschaften der Templer und Johanniter, die in fruchtbarer, brüderlicher Konkurrenz zueinander standen, kamen die **Lazariten**, *die sich besonders der Leprakranken annahmen. Diese Krankheit war im Mittelalter in Europa weit verbreitet.*

Dann die **Deutschordenritter** *mit oft sehr prächtigen Hospizen; die Trinitarier, die sich dem Loskauf der Pilger widmeten, wenn sie in die Hände der Muslime gefallen waren; schließlich die* **Antoniter**: *Sie betreuten die Pilger, die vom sogenannten Antoniusfeuer befallen waren, einer bedrohlichen Krankheit, die manchmal auf die Vergiftung durch das Mutterkorn im Getreide, ein andermal auf Epilepsie zurückgeführt wurde. Diese Gemeinschaft, die in ihrer Blütezeit über 370 Hospitäler unterhielt, hatte das verbriefte Recht, den Papst zu pflegen. Nach ihrem Niedergang wurden sie mit den* **Maltesern**, *den früheren Johannitern, die auf der Insel Malta Zuflucht gefunden hatten, zwangsvereinigt. Die Insel im Mittelmeer ist noch heute durch diese Ordensgemeinschaft geprägt.*

Ordenskreuz wurde in verschiedenen Farben in europäische Wappenschilde aufgenommen, so in das des Herzogtums von Athen und der Königreiche Neapel-Savoyen, Zypern, Spanien, Portugal und Brasilien. Die Pilger auf dem Jakobsweg nach Santiago de Compostela, der dadurch noch an Bedeutung zunahm, profitierten von diesem Engagement besonders.

Diese Orden schufen ein enges Netz von Unterkünften, Krankenhäusern und Siechenheimen. Sie sorgten sich nicht nur um das leibliche Wohl, sie kümmerten sich auch um die Seele der Pilger, die oft ein Verbrechen auf den Weg gebracht hatte. Noch immer geht der Weg zum Innersten eines Menschen über seinen geplagten und geschundenen Körper. Schon deswegen wurde dem Leib des Pilgers große Aufmerksamkeit und Achtung zuteil. Hatte doch Jesus selbst seinen Jüngern die Füße gewaschen und gesagt: »Wenn nun ich, der Herr und Meister, euch die Füße gewaschen habe, dann müsst auch ihr einander die Füße waschen. Ich habe euch ein Beispiel gegeben, damit auch ihr so handelt, wie ich an euch gehandelt habe« (Johannes 13,14f.).

Nicht der wahre Jakob: falsch verstandene Pilgerschaft und Gastfreundschaft

Wie die Orden, so waren auch die Bruderschaften in der Hochblüte der Pilgerfahrten von der Verweltlichung bedroht. Die Massen der Pilger trugen dazu bei. »In einer Zeit«, so schreibt ein Berichterstatter des 16. Jahrhunderts, »da mehr Verbrecher unterwegs sind als fromme Pilgersleut, zeichnen sich folgerichtig die Bruderschaften des Apostels Jakob mehr durch Schlemmereien als durch Frömmigkeit aus. Bald müssen in die Satzung Bestimmungen aufgenommen werden, die den Mitgliedern den Besuch von Kaschemmen und Freudenhäusern verbieten.« So wurde in Paris ein Kleriker bestraft, der sich als Mitglied der Jakobusbruderschaft an solchen Orten im Priestergewand trotz mehrfacher ernsthafter Verwarnungen vergnügt hatte. Ein Spottgedicht singt dazu: »Ein Mönchlein sonntags fromm, nächtens treibt er es bunt: Die Dirnen sein Pläsier, nicht minder Wein und Bier, steckt knietief in der Sund'. Doch sonntags ist er fromm.«

Als die Reformation über Deutschland hereinbrach, leerte sie sozusagen auf einen Schlag die Pilgerwege, die Herbergen und Hospize. Martin Luther, der sich im Alter von 27 Jahren Ende 1510 noch selbst auf die Pilgerfahrt nach Rom machte und nach zwei Monaten entbehrungsreicher Pilgerfahrt die Ewige Stadt erreichte, rief damals begeistert aus: »Sei gegrüßt, du heiliges Rom, ja, rechtschaffen heilig, von den heiligen Märtyrern und ihrem Blut, das da vergossen ist!« Später wird er sagen, die Wallfahrt sei »übel geraten«. Den Brauch, aufgrund eines Gelübdes auf den Weg zu gehen, nannte er »Narrenwerk«. Für den Reformator Zwingli waren Pilgerfahrten »antichristlich«, und Calvin empfand sie als Ausdruck »offenkundiger Gottlosigkeit«. In der Mitte des 16. Jahrhunderts war das Pilgerwesen bereits entartet. Allerlei übles Volk suchte seinen Lebensunterhalt, oft auf vergnügliche, manchmal auch lasterhafte Weise im vorgeblichen Stand des frommen Pilgers.

Offenkundig gottlos benahmen sich nicht selten die Wirte am Weg, die aus der Pilgerfahrt und den Bedürfnissen der Menschen unterwegs gute Geschäfte schlugen. Ein alter Bericht ohne Verfassernamen weiß um solche Gaunereien: »Was soll ich aber von den schlechten Wirten erzählen, welche die Pilger mit zahllosen Betrügereien täuschen? ... Manche gehen ihnen am Stadtrand entgegen und küssen sie, so als ob sie ihre von weit angereisten Verwandten wären. Was tun sie weiter? Sie führen sie in ihre Häuser, versprechen ihnen alle guten Dinge und handeln schlecht. (...) Sie reichen ihnen zuerst zum

Kosten den besten Wein und verkaufen dann, wenn sie können, den schlechten.« Und aus dem Brief eines namenlosen Pilgers: »Ich muss Euch noch berichten, dass die Klagen über betrügerische Wirte, räuberische Kleriker, unehrliche Geldwechsler, ungerechte Zöllner, Straßenräuber und Wegelagerer, die man bei uns erzählt, leider nicht unbegründet sind. Mir berichtete ein Mitpilger, dass er an einen falschen Priester geraten sei, der den Pilgern gegen Geld die Beichte abgenommen habe.«

Die Pilger wurden bisweilen nicht nur betrogen, auch ihr Leben war von den Wirten bedroht, weil diese sich ihrer Habe bemächtigen wollten. Das führte zu einer Anzahl von Erlassen, die den Nachlass derer regelte, die unterwegs gestorben waren: Ein Drittel des Hinterlassenen gehörte der Kirche, die für das Begräbnis und die Seelenmessen zu sorgen hatte, ein Drittel dem König oder dem Herrn, in dessen Herrschaftsbereich der Pilger das Zeitliche gesegnete hatte, ein letztes Drittel der Herberge oder dem Gastgeber. Dennoch, so berichten Chroniken, mussten Wirte an den Galgen gehängt werden, weil sie diese Bestimmungen nicht eingehalten und die ganze Bar- und Hinterlassenschaft des Pilgers an sich genommen hatten. Manche hatten in ihrer Gier dem Tod ihrer Gäste sogar durch Gift nachgeholfen.

Stillstand ist der Tod: Von den Gefahren des Rastens

»Verliere nicht die Lust am Gehen. Ich gehe jeden Tag zu meinem Wohlbefinden und entferne mich so von jeder Krankheit. Ich habe meine besten Gedanken ergangen, und ich kenne keinen noch so schweren Kummer, den man nicht weggehen kann«, schreibt Søren Kierkegaard, ein dänischer Philosoph, Theologe und Schriftsteller des 19. Jahrhunderts. Die Pilgerschaft ist ja nicht nur ein äußerlicher Vorgang. Mit der schrittweisen Fortbewegung geht ein inneres Aufbrechen einher, werden Blockaden im Menschen aufgelöst, eine neue Lebensenergie entsteht. Die Bibel weiß um diese Dimension des Pilgerns. »Weg« meint nach biblischem Sprachgebrauch mehr als den konkreten Weg, der von Ort zu Ort und von Land zu Land führt: Es ist der Lebensweg und der Lebenswandel eines Menschen und der Weg, den Gott mit den Menschen geht.

Nicht alle Pilger konnten diese Erfahrung machen; nicht wenige sind gescheitert, vor allem in den Städten. Nach einem langen, einsamen und entbehrungsreichen Weg konnte ihnen eine große Siedlung mit ihrem bunten und ausgelassenen Leben und den Verlockungen gefährlich werden. Nicht selten haben sie ihr Ziel ob der Verführungen und des süßen Lebens aufgegeben. Manche hatten noch die Kraft, umzukehren. Andere sind geblieben. Noch heute erscheinen ihre fremd klingenden Namen in den Registern der Kirchen am Weg oder lassen sich auf den Grabsteinen der Friedhöfe ablesen.

»Die Stadt tötet den Weg. Nur der Pilger kann ihn retten.« (Eintrag in ein Pilgerbuch)

Der Pilger ist auch nur ein Mensch. Trunkenheit und Streit, Totschlag als Folge der handgreiflichen Auseinandersetzungen werden von Pilgern berichtet, die der Stadt mit ihren Verlockungen nicht gewachsen waren. Kein geringerer als Papst Calixtus II. predigte gegen die Unsitte, dass sich Pilger aus Franken und dem Baskenland um einen Platz in der Kirche mit Stöcken und Steinen so stritten, dass einer dabei sogar ums Leben kam. Damals dienten viele Kirchen nachts als Schlafplatz. Kleine Gotteshäuser konnten nicht immer allen Pilgern Schutz bieten, deswegen kam es zum Gerangel um ein Dach über dem Kopf.

Ein besonderes Problem stellten die Vielen dar, die die Pilger auszubeuten versuchten, wo immer sie rasteten oder einen Schlafplatz für die Nacht gefunden hatten. Da gab es zum Beispiel die »Beutelschneider«, räuberische Diebesbanden, die direkt an das Geld der Pilger gingen und ihnen das Geldsäckchen, das sie meist am Gürtel trugen und in weiser Voraussicht auch nachts nicht ablegten, vom Gürtel schnitten. »Geld oder Leben!« – diese Drohung hatte einen ganz realen Hintergrund: War ein Pilger in die Hände eines Beutelschneiders geraten, tat er gut daran, sich schlafend zu stellen, sonst konnte er mitsamt seiner Barschaft auch das Leben verlieren. Gemeint sind damit aber auch alle anderen, sie sich durch unehrliche Tauschgeschäfte, schlechten Kurs beim Geldwechsel, miserables Essen, gepanschten Wein, überteuerte Opferkerzen und andere Betrügereien an den Pilgern bereicherten. Papst Calixtus II. äußerte sich auch dazu: »Was soll ich von der Dienerin sagen, die auf das Geheiß ihrer Herrin das Wasser im Haus vergisst, damit die Pilger den Wein des Wirts kaufen? Was ist mit jener, die nachts Hafer oder Gerste aus der Futterkrippe stiehlt? Der Bann treffe die Wirtsmägde, die sich auf teuflisches Geheiß nachts den Pilgerbetten zu nähern pflegen …« In diesen Übeln waren die Städte am Weg führend, sodass nicht wenige Pilger diese Zentren mieden oder sie nur durchquerten, um auf dem Land zu übernachten.

Unterwegs im Namen des Herrn?

In der Entwicklung des Pilgerwesens kam es auch zu anderen Auswüchsen. Viele gingen nicht mehr aus religiöser Überzeugung auf den Weg, um ein Gelübde zu erfüllen oder sich von einer Sündenlast zu befreien. Neugierde und Abenteuerlust kamen als Motive hinzu, etwa die Erwartung, durch neues Wissen den eigenen Bildungsstand zu erweitern oder neue, lukrative Geschäftsverbindungen knüpfen zu können. Diese Einstellung förderte die wachsende Skepsis gegenüber der

Pilgerfahrt. »Es waren aber auch solche auf dem Weg, denen man als Strafe die Pilgerfahrt auferlegt hatte. Sie sind nicht freiwillig unterwegs und machen daraus oft kein Hehl. Von anderen habe ich mir berichten lassen, dass es einen Typus Pilger gäbe, der nicht um seines eigenen Seelenheiles willen oder weil er dazu verurteilt worden war, sondern im Auftrag anderer und gegen Bezahlung, es gibt angeblich feste Tarife, die Heiligen Stätten aufsuche. Sie haben mit uns, den gläubigen Pilgern, nur eines gemeinsam: Sie benutzen die für die Pilger neu angelegten Straßen und Brücken, nächtigen in den gleichen Herbergen, lassen aber jeden religiösen Eifer vermissen«, so berichtet ein Pilger des 16. Jahrhunderts.

Fromme Pilger fühlten sich in ihren Anliegen verraten, wenn sie unterwegs auf Übeltäter trafen, die zu einer Sühnewallfahrt verurteilt worden waren. Noch abstoßender auf sie wirkte die Ansicht, man könne sich die Verdienste einer Wallfahrt, gar das Seelenheil durch einen bezahlten Stellvertreter erwerben, wie beispielsweise Bischof Bernhard Bruno 1275 in seinem Testament angibt: »Und so verfüge ich, dass nach meinem Ableben aus meinem Vermögen ein Jakobusaltar in der Stadtkirche errichtet werde. Zudem möge ein tugendsamer Pilgersmann gefunden werden, der an meiner Stelle und auf meine Kosten den Weg nach Santiago mache, zu meinem ewigen Heil. Tolosa, Oktober 1275.« Eine große Idee drohte an ihren eigenen Schwächen wie an den Krebsgeschwüren der Zeit zugrunde zu gehen.

Wendepunkt und Rückweg

Kurz vor dem Ziel. Als Pilger ist man nun nach der langen Zeit des Unterwegsseins voller Erwartung und zwiespältiger Spannung. Man will endlich ankommen, doch irgendwie scheint man auch dem Ziel noch nicht gewachsen zu sein. Soll man den Weg jetzt zu Ende bringen? Oder ist es vielleicht gut, noch einmal eine längere Rast einzulegen? Zwei Gefährten schreiben in ihr Tagebuch: »Unsere Gefühle sind merkwürdig gespalten. Wir tauschen uns darüber aus. Alles in uns drängt uns vorwärts, und doch möchten wir innehalten. Auf einmal geht uns alles zu schnell, obwohl wir in diesen sieben Wochen viele Pilger überholt haben. Da ist die Erleichterung und Dankbarkeit über den glücklichen Weg. Da sind Erwartung und Hoffnung für morgen, da ist auch die Angst vor einer Enttäuschung. Das alles mischt sich in die letzten Wegstunden. Gefühle, die sich nicht beschreiben lassen. Also gehen wir weiter.«

Seit alters scheint es bei Pilgern Brauch gewesen zu sein, kurz vor dem Ziel anzuhalten und sich als Landarbeiter oder Krankenpfleger zu verdingen, und das nicht nur, um ein wenig Geld für den Rückweg zu haben. Sie wollten das Ende hinauszögern, sich das Hochgefühl noch ein wenig aufsparen. Das Einmalige, das Einzigartige hat ein besonderes Gewicht; da will auch das Ende gut bedacht sein. Nicht so wie einer, der Europa vom hohen Norden bis nach Rom durchquert hatte und auf den Marmorstufen vor Sankt Peter in sein Tagebuch schreiben musste: »Das war es jetzt!«

Die Sehnsucht nach dem Erwarten und der Erfüllung liegen im Menschen ganz nahe beieinander. Manchmal findet sich im Dazwischen auch die Sorge, das Ziel könnte enttäuschen, das Hochgefühl der Ernüchterung weichen. Diesem Widerspruch sehen sich nicht wenige in den letzten Tagen und Stunden ihres Weges ausgesetzt. Das große Ziel erfordert den ganzen Menschen. Manchmal hat es den Anschein, als habe sich die Seele unterwegs zu viel Zeit gelassen und müsse erst noch nachkommen.

Reinigung – Innehalten vor dem Ziel

Vor dem Erreichen aller Pilgerorte ist für die Pilger eine Reinigung vorgesehen. Sie kommt dem Bedürfnis nach Abwarten und noch einmal Innehalten, bevor man ankommt, entgegen. Wenige Meilen vor Santiago de Compostela bot dazu beispielsweise die Ortschaft Lavacolla Gelegenheit. Ein kleiner Bach spendete genug Wasser, dass sich die Pilger vom Kopf bis zu den staubigen Füßen waschen konnten. Die abgetragenen Kleider wurden gegen frische ausgetauscht und schon aus hygienischen Gründen verbrannt. Das war zugleich ein spirituelles Zeichen: Ein anderer, ein neuer Mensch kommt an. Denn nach dem Kleiderwechsel folgte der Gang zum Priester, der oberhalb des Baches in einer Kapelle wartete. Die Lebensbeichte sollte dafür sorgen, dass auch die Seele von aller Sünde befreit war zum Einzug in die Heiligen Stätten. Mit Gebet und Fasten wurde die allerletzte Nacht durchwacht. In den neuen Morgen gingen dann die allerletzten, die alles entscheidenden Schritte.

Mein Begleiter auf dem Weg schreibt, als er nach gut sieben Wochen am Ziel seiner Pilgerreise angekommen war: »Eine seltsame Rührung ergreift uns, eine Bewegung, die den Kopf mit dem Herzen verbindet und uns das Wasser in die Augen treibt. Wir lassen uns Zeit, viel Zeit, und steigen nachdenklich die Stufen zur Kathedrale hinauf. Dann gehen wir langsam durch die lichterfüllte Halle nach vorne. Ein besonderer Geschmack kommt uns über die Nase auf die Zunge. Es schmeckt nach Weihrauch und nach mehr, wir können es nicht beschreiben, wonach. Ein Geschmack jedenfalls, den das Herz schmecken kann und versteht: Es ist der Geschmack nach mehr, der Erfüllung heißt und doch neue Sehnsucht weckt.«

Ankommen – und dann?

Eine wichtige Grenze ist überschritten, das Heilige ist erreicht. Es ist gleich, wie es sich darstellt: als Quelle oder als Grab, als Kathedrale, als Bild, Baum oder Berggipfel. Das alles ist Sinn und Ziel des ganzen Weges gewesen. Das alles will der Pilger handgreiflich, körperlich spüren: Er nimmt ein Bad im heiligen Wasser, geht auf Knien durch die Kirche, küsst das Bild, nimmt ein Blatt vom Baum, einen Stein vom Berg oder setzt sich dem Wind auf seinem Gipfel aus. In all den heiligen Dingen, so empfindet man es als Pilger, berühren sich Himmel und Erde. Das Göttliche küsst den Menschen und freut sich, dass wieder einer angekommen ist.

> *»Der Weg ist zu Ende. Die Sterne verlöschen. Das Ziel ist erreicht. Neue Ziele muss es geben. Andere Sterne werden strahlen, bis der letzte Weg uns an das Ende bringt. Dann hilf uns.« (Eintrag in meinem Pilgertagebuch)*

Diese Wende ist in Santiago de Compostela, im äußersten Westen Europas, besonders eindringlich zu spüren. Bislang ist man als Pilger auf dem Weg dorthin unaufhaltsam in Richtung der untergehenden Sonne gezogen. Jeden Abend hatte man das gleiche Bild vor Augen: Die Sonne versinkt. Die Wegrichtung vom Osten nach Westen hat eine tiefe spirituelle Bedeutung: Der Weg nach Westen ist der Weg in die untergehende Sonne, der Weg des Todes. Für den Pilger heißt das, Abschied zu nehmen von seinem bisherigen Leben. In Santiago angekommen, wendet er sich nach Osten, zur aufgehenden Sonne: Ein neues Leben kann beginnen.

Zwei weitere Wege in Europa führen nach Westen mit der gleichen spirituellen Bedeutung von »durch den Tod ins Leben«: Einer führt vom Odilienberg, einem uralten mystischen Ort im Elsass, zum Mont-Saint-Michel am Golf von

Saint-Malo, der Klosterinsel am Rand der Bretagne. Der Zweite vom englischen Dover über die Steinkreissetzung von Stonehenge, den Michaelsberg bis Lands End (was in der Übersetzung wie »Finisterre« nichts anderes heißt als »das Ende der Welt«). Die tiefe Symbolik – durch den Untergang zum Aufgang, durch den Tod ins Leben – ist weit älter als das Christentum. Besonders intensiv lebten die Kelten nach dieser Symbolik. So war es beispielsweise dort der Brauch, einen Sterbenden in die nach Westen gewandte Kammer des Hauses zu bringen. Mit der Sonne sollte seine Seele untergehen, damit sie mit ihr auferstehen konnte.

In Santiago, für manche Pilger erst am »finis terrae«, dem Ende der Welt, wie man noch lange glaubte, geschah die Umkehr ins Leben, so etwas wie Auferstehung zu Neuem. Für die Pilger bis fast in unsere Zeit war die Heimkehr die weit größere Herausforderung. Der Antrieb, das Ziel zu erreichen, war erloschen. »Nur noch nach Hause« – das erwies sich als Impuls als zu schwach. In der Tat sind viele Pilger damals gescheitert.

Heute gehen nur noch wenige den Weg ganz zurück. Die Radpilger tun sich leichter, den Rückweg auf sich zu nehmen. Viele nehmen das Flugzeug. Mein Mitpilger und ich wählten den Zug, um wenigstens noch zwei Tage für Besinnung und Loslassen zu haben. Zu Hause stellten wir allerdings fest, dass wir spätestens an der Wende »Andere« geworden waren: Die Lebenszeit nach dem Weg, der letzte Abschnitt hatte begonnen. Damit aber auch mehr Gelassenheit und Zuversicht. Und vor allem eine neue Sicht, die das Wichtige vom Unwichtigen, das Wesentliche vom Üblichen oft von einem Moment zum anderen trennen konnte.

Westwärts – wo das Leben endet,
dorthin schreite ich
mit schwindender Kraft
der sinkenden Sonne nach,
einem unbekannten Ziel hinterher:
unerreichbar.

Westwärts – ein Leben lang bin ich gegangen,
der sinkenden Sonne nach,
nie habe ich sie eingeholt.
Komme ich dann endlich ans Meer,
sehe ich sie versinken
in den Fluten der Weite:
unerreichbar.

Westwärts – so hoffe ich,
werde ich finden,
wonach ich gesucht habe:
Hinter dem Alltäglichen,
hinter den Ängsten und Nöten,
werde ich dem begegnen,
der schon immer an meiner Seite ging:
unerkannt.

Pilgermeditation

4 Nachfolge – unterwegs auf demselben Weg

»Du sollst Gott, deinen Herrn,
lieben von ganzem Herzen, von ganzer Seele,
von ganzem Gemüt und mit all deiner Kraft.
Das ist das vornehmste Gebot.
Und das andere ist ihm gleich:
Du sollst deinen Nächsten lieben
wie dich selbst.«

Markus 12,30.31

Jesus, der Weg

Jesus sagt von sich: »Ich bin der Weg und die Wahrheit und das Leben« (Johannes 14,6). Er führt in die Einfachheit, heraus aus dem Verwirrspiel und dem Irrgarten einer in sich selbst verliebten Welt. Der Titel »Weg«, der in Wirklichkeit keiner ist, sondern ein Handeln, ein Weg-Machen, ein Vorausgehen, verführt im guten Sinn des Wortes zur Vereinfachung des Denkens, Fühlens und Handelns. Er verführt in die Nachfolge. Der Pilger ist ein Nachfolger, der sich voll Vertrauen auf den Weg macht. Er fragt nicht lange, er geht. Das haben auch die Frauen und Männer um Jesus verstanden, als sie alles stehen und liegen ließen, um ihm nachzufolgen (Markus 11,18).

Diese Vereinfachung tut dem Glauben wie der Religion gut. Geht es auch einfacher?, das muss sich der Pilger fragen, wenn er darauf bedacht ist, nicht allzu viel Gepäck mit sich herumzuschleppen. Sonst wird der Weg zu mühsam, und er kann deshalb sein Ziel vielleicht nicht erreichen. Auch der Kopf muss frei werden von falschem Ballast, von Bedenken und Selbstzweifeln, vom Hängen an Vergangenem, von Sorgen über die Zukunft. Das alles gilt es aufzugeben und gehen zu lassen.

Vereinfachung: Das gilt auch für die Sprache. Der Pilger braucht nur wenige Worte und Gesten, um sich zu verständigen. Jesus hat für die Verkündigung der Frohen Botschaft einfache, schlichte Worte und Bilder gefunden. Sie wurden nicht nur gehört, sie erreichten die Herzen der Menschen (Johannes, 16,22). Deswegen mahnte Jesus: »Euer Ja sei ein Ja, euer Nein ein Nein; alles andere stammt vom Bösen« (Matthäus 5,37). Einfacher, klarer, glaubwürdiger geht es nicht mehr.

Es geht einfach, weil es einfach geht. Das ist die Botschaft, die das Evangelium durchzieht. Jesus führt die Menschen seiner und unserer Zeit aus dem komplizierten religiösen Geflecht heraus, in dem sich einer leicht verirren oder verwirren kann. Am Ende bleiben die Worte der Bergpredigt, am Ende bleiben acht Seligpreisungen übrig (Matthäus, 5,1–12). Oder noch weniger: Das eine und wichtige Gebot der Liebe mit dem wunderschönen Dreiklang, Gott und den Mitmenschen zu lieben wie sich selbst (Matthäus 19,19).

Mehr also braucht der Pilger nicht, in wessen Namen er auch unterwegs ist. Er wird schon nach wenigen Tagen keine Energie mehr darauf verschwenden zu überlegen, was kommen könnte, er wird sich, zuerst bewusst, dann gelassen auf das einlassen, was der Augenblick will.

Alles Wesentliche ist einfach

Jesus lädt die suchenden und fragenden Jünger ein: »Kommt und seht!« (Johannes 1,39). Er lenkt ihren Blick auf das Wesentliche. Alles Wesentliche ist einfach und leicht zu durchschauen. Das heißt nicht, dass ein einfacher Weg frei von allen Beschwerden sein müsste. So klar und eindeutig der Weg auch ist, er kann in der Konsequenz – Jesu Lebensweg beweist es – zum Kreuzweg werden. Doch Vertrauen und Glaube führen auf diesem Weg, sodass wir am Ende wie Jesus sagen können: Vater, in deine Hände lege ich mein Leben.

Unterwegs lässt sich dieser oder ein ähnlicher Satz wie ein Mantra sprechen, vor allem wenn die Zweifel mächtig werden oder die Müdigkeit uns als Pilger überwältigen will. Das Mantra, die vom Atem begleitete Wiederholung einer Silbe, eines Wortes oder eines kurzen Satzes, weckt eine spirituelle Energie. Die wortlose oder geflüsterte Rezitation setzt diese Energie frei und vertreibt die Lethargie oder eine aufkommende Resignation (siehe oben: Herzensgebet. Auch dieses Gebet eignet sich als Mantra für unterwegs).

Mit wem sprach Jesus auf seinem Weg durch das Land, die Dörfer und Städte bis hinauf nach Jerusalem? Es waren vor allem jene Menschen, die beim Wettlauf des Lebens gewöhnlich als Letzte ins Ziel kamen: Arme, Tagelöhner, Behinderte, Hungernde, Menschen, die sich prostituieren mussten und die man öffentlich zu Sündern machte. Wenn Jesus unterwegs zu den religiösen Führern und arroganten Machthabern redete, legte er ihre spirituelle Blindheit offen: »Blinde Führer seid ihr: Ihr siebt Mücken aus und verschluckt Kamele« (Matthäus 23,24). Den einen wie den anderen galt sein Ruf, den niemand, der auf einem falschen Weg geht, überhören sollte: Kehrt um! Wenn man sich auf einem Irrweg befindet, hilft es nichts, wenn man schnell vorankommt. Für einen Pilger, der sich auf seinem Weg nach Santiago de Compostela verlaufen hatte, hieß der Umkehrruf: »Das ist nicht der wahre Jakob.« In der Alltagssprache hat sich dieser Satz über Jahrhunderte erhalten, wenn es galt, jemanden von einem sinnlosen Vorhaben abzubringen.

Die Nachfolge Jesu ist ein Loslassen und ein Aus-sich-Herausgehen. Als Pilger erfährt man das an jedem neuen Tag, selbst wenn man die letzte Nacht unter einer Hecke verbracht oder am vergangenen Tag nur von Beeren gelebt hat. Selbst diese bescheidenen Dinge lässt man dann hinter sich und bleibt offen für die Überraschungen.

Jesus begegnen – im Nächsten und am Wegrand

Jesus ist nicht nur der Weg, er begegnet dem Pilgernden unterwegs und in mancherlei Gestalt: einmal als innerer Impuls, dann in Begegnungen und Ereignissen, die seine Nähe, Zuwendung und Begleitung sichtbar machen. Die Namen und Bezeichnungen, die Jesus sich selbst gibt, haben sich den Frauen und Männern, die ihm folgten, tief eingeprägt. Sie sind Sinnbild seines Lebens und Zeichen seiner Begleitung geworden: Brot des Lebens, lebendiges Wasser, Weinstock, offene Tür, Hirte, Licht: »Ich bin das Licht der Welt. Wer mir nachfolgt, wird nicht in der Finsternis umhergehen« (Johannes 8,12). Oder ganz schlicht: Menschensohn, der Mensch für uns Menschen, ein Mensch wie du und ich. »Jesus aber antwortete ihnen: Die Stunde ist gekommen, dass der Menschensohn verherrlicht wird« (Johannes 12,23). Damit ist alles gesagt, was für unterwegs nötig ist: Zuwendung.

Auf meinem Pilgerweg in einer Zeit, da der Camino de Santiago noch ziemlich unbekannt war, habe ich diese Begegnungen erfahren und oft erst hinterher gedeutet:

> Das BROT, das mir in einem Bäckerladen mit einer
> schlichten Geste geschenkt wurde.
> Die WASSERmelone, die mir ein Franzose über den
> Gartenzaun reichte.

Der WEINstock in der Meseta Spaniens, der mir erfrischende Trauben spendierte.
Die TÜR, die in einer Pilgerherberge einladend offenstand.
Der HIRTE, der mich auf den richtigen Weg zurückbrachte.
Das LICHT, das mir im Dunkel der Nacht entgegenkam.
Der MENSCH, der mich nach einer alten Regel eine Wegstunde begleitete.

Die Frage nach dem Weg ist für den einen die Frage nach Jesus, für einen anderen ist es die Frage nach Gott oder dem Sinn und Ziel seines Lebens. Die richtige Frage ist dabei oft wichtiger als eine richtige Antwort. Als Pilger wird man unterwegs selbst zur Frage, nicht nur nach dem Woher und dem Wohin, sondern vor allem nach dem Wozu. So erzählt es auch folgende alte Geschichte: Es war einmal ein weiser, alter Mann. Er hatte viel vom Leben gesehen und dadurch manch gute und hilfreiche Antwort gefunden. Gerne hätte er seine Erfahrungen weitergegeben. Es kamen auch Menschen zu ihm, um ihn wegen seines hohen Alters und seiner Weisheit um Rat anzugehen. Sie stellten ihm viele Fragen, aber er konnte ihnen nicht antworten. Denn es war keine einzige Frage darunter, die zu seinen Antworten passte.

Jesus, der Weg, wanderte über die Straße und Wege Palästinas. Die Verkündigung des Reiches Gottes ist eine einzige Weggeschichte. Das sollte allen, die im Glauben allzu sesshaft

»Gott ist das Haus mit vielen Wohnungen. Aber wir können zu diesem Haus nur aufsteigen, wenn wir nach Galiläa gehen – also auf den Straßen der Welt, indem wir das Evangelium zu allen Völkern tragen, das Geschenk seiner Liebe allen Menschen aller Zeiten bringen.« (Papst Benedikt XVI.)

sind, zu denken geben. Jesu Sprache war einfach. Die Bilder für seine Worte und Geschichten hat er buchstäblich am Weg aufgelesen. Wenn er von den Blumen sprach, die prachtvoll gekleidet sind; von den Spatzen, die sich ihr Futter suchten; vom Baum, der zur rechten Zeit Frucht bringt.

Das Leben Jesu – ein konsequenter Weg

Sein Leben war ein einziger Weg: Im Leib seiner Mutter war er unterwegs nach Bethlehem. Kurz nach seiner Geburt schon auf dem mühsamen Weg der Flucht. Als er dreißig Jahre später aus dem Dunkel seines verborgenen Lebens in Nazaret an die Öffentlichkeit ging, vollzog sich das durch den Auszug aus seinem Elternhaus. Schließlich endete sein letzter irdischer Weg auf dem Golgothahügel am Rande Jerusalems, auf dem er gekreuzigt wurde, weil er seinen Weg konsequent zu Ende gegangen und nicht bereit war, ihn aufzugeben. Doch nach seiner Auferstehung ging er allen, die ihm nachgefolgt waren, voraus nach Galiläa. Dort, wo alles angefangen hatte, musste ein neuer Weg begonnen werden, der seine Jüngerinnen und Jünger bis an die Grenzen der Erde führen sollte. Jesus trug ihnen auf: »Darum geht zu allen Völkern und macht alle Menschen zu meinen Jüngern; tauft sie auf den Namen des Vaters und des Sohnes und des Heiligen Geistes, und lehrt sie, alles zu befolgen, was ich euch geboten habe. Seid gewiss: Ich bin bei euch, alle Tage bis zum Ende der Welt« (Johannes 28,19.20).

Christen: der neue Weg

Jesus hat eine Bewegung ins Leben gerufen, keine Religion gestiftet. Religionen tragen den Keim der Erstarrung in sich. Sie häufen mit der Zeit einen riesigen Berg von Glaubenssätzen an, der sie zu einem Steinblock macht, zu einem Denkmal, nicht zu einer Weisung, einem Weg oder einer Erfahrung. Folgerichtig fand die junge Gemeinde Jesu für sich die Bezeichnung »der neue Weg« und wählte damit den Aufbruch, die Dynamik, die Bewegung: »Paulus erbat sich vom Hohepriester Briefe an die Synagogen in Damaskus, um die Anhänger des (neuen) Weges, Männer und Frauen, die er dort fände, zu fesseln und nach Jerusalem zu bringen« (Apostelgeschichte 9,2). Das Neue forderte das Alte heraus, und es kam von Anfang an zu Konflikten: »Um jene Zeit aber wurde der (neue) Weg Anlass zu einem schweren Aufruhr« (Apostelgeschichte 19,23). Die Bezeichnung »Christen«, die erstmals in Antiochia, heute als Antakya die Hauptstadt der türkischen Provinz Hatay, aufkam, kennzeichnete den Schritt zu einer Religion, zu einer beginnenden Sesshaftigkeit.

»Träume nicht dein Leben, lebe deinen Traum. Gott kommt dir entgegen, schenkt dir weiten Raum.« (Pilgermeditation)

Vergessen wir es nicht: Das meiste, was Jesus denen zu sagen wusste, die ihm folgten, verkündete er unterwegs, im Vorübergehen sozusagen. Die Menschen, die ihn hören wollten, mussten zuvor aus ihren Siedlungen und Städten heraus aufs freie Land. Schon deswegen hat die Botschaft Jesu etwas Befreiendes, etwas Leichtes an und in sich: »Denn mein Joch drückt nicht, und meine Last ist leicht«, sagt Jesus nach Johannes 11,30.

Am Anfang des »neuen Weges« stand der Scheideweg, die Entscheidung für Jesus Christus. Diese Entscheidung fiel am Anfang noch sehr moderat aus: »Wer nicht gegen uns ist, der ist für uns«, sagt Jesus in der Überlieferung des ursprünglichen Markusevangeliums (9,40). Dieses Wort kennzeichnet die grundsätzliche Offenheit der jungen Gemeinde. Im Lukasevangelium ist das Wort Jesu umgedreht: »Wer nicht für mich ist, der ist gegen mich« (11,23). Mit dieser bewussten Akzentverschiebung kam eine gefährliche Ausschließlichkeit in die christliche Gemeinde. Sie stand der Offenheit Jesu und seiner allgemeinen Zuwendung entgegen und ist noch heute nicht überwunden.

Nur die Kirche unterwegs ist ein Hoffnungszeichen für die Welt

Weggenossenschaft, das ist das bleibende Bild für die Christenheit unterwegs durch die Zeit. Das Gehen, das Vorwärtsgehen muss ständig angemahnt werden. Wie beim Pilger kann auch in einer großen Gemeinschaft Müdigkeit aufkommen, sich gar Resignation einschleichen. Das Herumsitzen oder Aussitzen führt zu nichts. Da ist es weit besser, am Neuen zu scheitern und an Erfahrung reicher geworden zu sein, als nichts zu wagen und nichts auszuprobieren. Es ist sehr unwahrscheinlich, dass Jesus etwas von den vielen Sitzungen halten würde, die sich in den Institutionen der Kirche nach Art unserer Welt durchgesetzt haben. So überraschend es aus unserer heutigen Sicht erscheint: Das Christentum ist eine Weg-Religion, keine Kirchen-Religion. Es ist auch die Aufgabe des Pilgers, das ins allgemeine Bewusstsein zu bringen. Der feste Bau, die Kirche, kann nur wie ein Rastplatz sein zum Kräftesammeln, um dann weiterzugehen. Nur die Kirche unterwegs ist ein Hoffnungszeichen für die Welt. Pilger halten diesen Auftrag wach, oft genug gegen die Kirchen oder die Religionen. Deswegen sind Pilger wie alle mystisch begnadeten Menschen für die Institutionen so gefährlich.

»Christen müssen mehr Weggänger werden und nicht nur Kirchgänger«, sagt der katholische Erwachsenenbildner Hubert Brosseder. Doch noch immer werden die Aktivitäten der Gläubigen statistisch am Kirchgang und Sakramentenempfang gemessen und nicht am Weg, der auf die Menschen zugegangen wird. Dabei, so drückt es Bischof Jacques Gaillot aus, »schlägt das Herz des Volkes Gottes über dem Straßenpflaster«. Dort findet der wahre Gottesdienst statt. Schließlich sind weit mehr Menschen auf dem Weg des Evangeliums, als die genauesten Statistiken dies nachweisen könnten. Der Weg der Kirche ist der Weg zu den Menschen. Wer unterwegs ist, braucht Gefährten, Menschen, die der Gefahr trotzen, die durch dick und dünn mitgehen, auf die Verlass ist. Für den Pilger kann selbst ein Lied, ein Bibelwort wie ein Gefährte sein.

Gott kann nicht gelehrt, er muss erfahren werden

Der Weg – auch das lehrt uns der Pilger – ist keine Autobahn. Anstrengung, Mühe, Berge, Schluchten, Aufstiege, Abbrüche zeichnen ihn. Das Ziel ist für Christen eine gewaltige Herausforderung, die Jesus selbst vorgegeben hat: »Zu allen Völkern« (Matthäus 28,19) zu gehen, also bis ans Ende der Welt. Gott kann nicht gelehrt, er muss erfahren werden. Dabei ist jeder eigene Schritt mehr wert als die Erfahrungen anderer. Das heißt aber nicht, dass man andere Erfahrungen geringschätzen oder vernachlässigen sollte. Die christliche Gemeinde wird von den gemeinsamen Erfahrungen getragen.

Auch das gilt es zu bedenken: So sehr es hohe Pflicht ist, einem Pilger Gastfreundschaft zu gewähren, so sehr bleibt er ein Außenseiter. Das Christentum ist in gewisser Weise ein Außenseitertum. Der »neue Weg« zeigt, dass es ein anderes, ein größeres Ziel gibt als die Ziele dieser Welt. Der Christ passt sich deswegen nicht an, weil er letztlich nicht von dieser Welt ist. Aber er gehört zur Welt wie das Salz in die Suppe und eine Handvoll Sauerteig in einen Trog voll Mehl. So ist der Christ ähnlich wie der Pilger in gewisser Weise ein Aussteiger. Schon im ersten Jahrhundert wurde er deswegen so beschrieben: »Christen verhalten sich eher wie Durchreisende … Für sie ist jedes fremde Land ein Vaterland und jedes Vaterland ein fremdes Land«, schrieb Clemens von Alexandria um das Jahr 200 n.Chr. Auch Durchreisende haben ihre Aufgabe. Sie bezeugen, dass diese Welt nicht alles sein kann, dass aber alles für diese Welt gegeben werden muss, um sie auf dem Heimweg zu Gott und in sein Reich mitzureißen.

In der Nachfolge Jesu

Das Unterwegssein ist den Christen in das Herz und Gesicht geschrieben. Wann immer das vergessen wurde, wenn statt Wegen und Straßen zu den Menschen Kirchen und Kathedralen gebaut wurden, fing das Christentum trotz seiner gewaltigen Bauwerke an, schwach und unglaubwürdig zu werden. Nach wie vor will die Wahrheit des Evangeliums erfahren werden.

Jesus Christus ist nicht irgendein beliebiger Weg im Sinn von: »Alle Wege führen nach Rom.« Er ist der Kreuzungspunkt der Entscheidung. Deswegen hat er seine zweifelnden Jünger gefragt: »Wollt auch ihr weggehen?« (Johannes 6,67). Die Freiheit des Weges steht vor jeder Entscheidung. Jesus ist nicht wie ein Wegweiser, der die Richtung anzeigt, selbst aber den Weg noch nie gegangen ist. Er ist der Inbegriff eines Weges, der durch Zuwendung, Mitmenschlichkeit und Liebe gekennzeichnet ist. So haben es nicht nur die Pilger des Mittelalters verstanden – »Er ist der Weg, auf dem wir gehen, die Wahrheit, der wir trauen« –, sondern auch die Menschen, die es mit den Pilgern zu tun bekamen: Wer einen Pilger aufnimmt, hat Jesus Christus selbst zum Gast. Diese Gastfreundschaft wurde, oft genug unter großen persönlichen Opfern, eingehalten in der Erinnerung an Jesu Wort: »Ich war fremd und obdachlos, und ihr habt mich aufgenommen« (Matthäus 25,35).

»Herr, wir wissen nicht, wohin du gehst. Wie sollen wir dann den Weg kennen? Jesus sagte zu Thomas: Ich bin der Weg und die Wahrheit und das Leben; niemand kommt zum Vater, außer durch mich.« (Johannes 14,5.6)

In jedem Pilger Jesus wiederzuerkennen, ihm ein Glas Wasser zu reichen, ihm nach Jesu eigenem Beispiel die Füße zu waschen, ihn in schwerer Krankheit zu pflegen und bis in den Tod hinein zu begleiten, das war die große Aufgabe, der sich verschiedene Bruderschaften und Orden verschrieben hatten. In ihren Hospizen gab es ein festes Ritual: Dem Pilger wurden zuerst die Füße gewaschen, in den besser ausgestatteten Herbergen gab es auch ein Vollbad. Dann wurde je nach Gegend ein Abendessen gereicht mit Apfelwein oder Wein, mit Gersten- oder Weißbrot, mit Suppe und einem Fleischgericht. Zu den großen Gönnern der Bruderschaften und Hospize zählten Könige und Bischöfe, die oft mit Stiftungen und Ländereien zum dauerhaften Unterhalt beitrugen. Heute sind es religiöse Vereine und Gesellschaften, die sich für den Erhalt oder die Neueinrichtung von Herbergen verantwortlich fühlen. Die meisten Mitglieder sind ehemalige Pilger.

Jesus war selbst ein Pilger. Unterwegs erzählte er den Menschen vom Reich Gottes. Seine Bilder und Gleichnisse entstehen am Weg. Hier begegnet er der Not und dem Glück, der Krankheit, dem Leid, dem Tod, der Trauer der Menschen. Wie ein echter Pilger nimmt er Anteil am Schicksal derer, die ihm begegnen. Er trägt sie mit und erleichtert die Last der Menschen.

Eine wunderschöne Weggeschichte erzählt Lukas in seinem Evangelium (24,13–33): »Am gleichen Tag waren zwei von den Jüngern auf dem Weg in ein Dorf namens Emmaus, das sechzig Stadien von Jerusalem entfernt ist. Sie sprachen miteinander über all das, was sich ereignet hatte. Während sie redeten und ihre Gedanken austauschten, kam Jesus hinzu und ging mit ihnen.« Unterwegs blieb er zunächst unerkannt, aber er erschloss sich den beiden »Pilgern« im Erzählen seiner Geschichte, er deutete sein Schicksal über den Tod bis in die Auferstehung. Erst als er ihnen das Brot brach, konnten sie ihn erkennen.

Der Weg Jesu war kein Spaziergang. In Jerusalem, dem Ziel seines Pilgerns, erfüllte sich sein Lebensschicksal. So erfahren seine Weggefährten seine Herkunft, seinen Auftrag und dessen Erfüllung. Jesus wollte einen menschenfreundlichen Gott verkünden. Deswegen nannte er ihn in seiner Sprache zärtlich »Abba«, Papa. Sein Auftrag ist erfüllt, wenn alle Menschen bei seinem Vater angekommen sind: »Im Haus meines Vaters gibt es viele Wohnungen. Wenn es nicht so wäre, hätte ich euch dann gesagt: Ich gehe, um einen Platz für euch vorzubereiten?« (Johannes 14,2).

Auf diesem Weg hinterließ Jesus Spuren, die bisher kein Wind verwehen konnte. Die Spuren seines Lebens wurden von den Frauen und Männern, die den Weg mit ihm teilten, aufgenommen und weitergeben. Wer diesen Spuren folgt, kann für sich einen gangbaren Weg entdecken. Mehr und mehr lehrt ihn die Erfahrung: Es kann und wird unter der Frohen Botschaft Jesu gut ausgehen.

5 Wegspuren

Das Ende all unserer Erkundigungen:
Dort ankommen, wo wir losgegangen sind.
Und diesen Ort das erste Mal kennen.

T. S. Elliot

Der Weg der Umkehr

Der Pilger nimmt erstaunliche Wege auf sich, um sich zu finden. In allen Religionen ist das so. Diese Überlegung spielt dabei sicher eine Rolle: Je weiter und anstrengender der Weg ist, umso größer ist der Erfolg. Vor allem die westliche Gesellschaft ist von diesem Leistungsdenken geprägt. Das hängt auch mit der jeweiligen Religion zusammen. Im Christentum hat sich im Lauf der Jahrhunderte die Überzeugung durchgesetzt, dass Gott sich durch Gebet, Verzicht und Opfer in seinen Entscheidungen beeinflussen lasse. Auch die Pilgerfahrt ist von solchen Überlegungen beeinträchtigt: Gott soll, wenn auch nicht immer direkt, dann auf dem Umweg über die Heiligen gnädig oder günstig gestimmt werden, vor allem im Blick auf die eigenen Fehler und Sünden.

Das Entscheidende, was der pilgernde Mensch lernen und erfahren muss: Es kommt nicht darauf an, wie lange er unterwegs war und welche Entbehrungen er auf sich genommen hat. Mit Gott kann man nicht rechnen und handeln. Weg und Ziel erweisen sich am Ende als das Geschenk, bei sich angekommen zu sein. Letztlich gibt es keinen anderen Sinn der Pilgerfahrt.

Ganz ursprünglich sind die Spuren jener Pilgerschaft, die eine Nonne gegen Ende des 4. Jahrhunderts hinterlassen hat. Egeria bereiste zwischen 381 und 384 den Nahen Osten vom Berg Sinai über Jerusalem weiter nach Konstantinopel. 9000 Kilometer dürfte die Strecke betragen, die von der pilgernden Klosterfrau zunächst mit der römischen Postkutsche, dann auf Eselrücken und schließlich zu Fuß zurückgelegt wurde. Beeindruckend, nicht nur für die damalige Zeit. Ihr ausführlicher Reisebericht mit insgesamt 49 Kapiteln wurde erst Ende des 19. Jahrhunderts in einer italienischen Klosterbibliothek wieder aufgefunden. Vor der Reise dieser spanischen Nonne, die im Pilgern wie in der Berichterstattung eine Meisterleistung vollbracht hat, gibt es kaum schriftliche Zeugnisse dieser Art. Zumal erst im 4. Jahrhundert unter dem Schutz Kaiser Konstantins Pilgerreisen ins Heilige Land möglich wurden. Helena, die Mutter des Kaisers, verlieh durch ihre eigene Pilgerreise und ihre »Entdeckung« des Heiligen Kreuzes Christi der Bewegung ins Heilige Land großen Aufschwung. Der Legende nach fand Helena am Golgothahügel

Die **ersten christlichen Pilger** *waren nachweislich bereits im 4. Jahrhundert in das Heilige Land unterwegs. Sie opferten dafür zwei, drei Jahre ihres Lebens und nahmen große Strapazen auf sich, um jene Stätten zu sehen, die durch das Erdenleben Jesu geheiligt waren: Bethlehem, Nazaret, Jerusalem. Sie wollten jene Wege gehen, die Jesus zu den Dörfern und Städten Galiläas und Judäas gegangen ist, um die Frohe Botschaft vom anbrechenden Reich Gottes zu verkünden.*

drei Kreuze. Sie wollte herausfinden, welches das wahre Kreuz Christi sei. Deswegen ließ sie gelähmte Menschen auf die Kreuze legen. Nur einer wurde geheilt. Auf diese Weise wurde das echte Kreuz identifiziert und anschließend zur kostbarsten Reliquie Jerusalems.

Vieles aus dem 4. Jahrhundert und der Zeit danach bleibt allerdings fromme Legende. Doch können Legenden eine geheimnisvolle Kraft entwickeln, die sie aus den Wahrheiten schöpfen, die hinter den Geschichten und Überlieferungen stecken. Die Legende von der Auffindung des Kreuzes Jesu vermittelt für alle Zeiten die Botschaft: Im Kreuz ist Heil, selbst wenn die echten Kreuzbalken nach fast 350 Jahren nicht mehr auffindbar gewesen sein sollten.

»Während der Feiern am Karfreitag zur Todesstunde Jesu bewachen Diakone das Heilige Kreuz. Es hat sich nämlich gezeigt, dass fromme Christenmenschen in das Holz beißen, um ein Stück des Kreuzes mit nach Hause zu nehmen«, schreibt Egeria in ihrem Reisebericht. Der Reiseführer der unternehmungslustigen Nonne war zum einen die Heilige Schrift. Zum anderen wurde sie im Heiligen Land von einer Pilgerstätte, die eine fromme Tradition bewahrt hatte, zur nächsten geführt. Egeria beschreibt nicht nur die Kirchen und Klöster, die sie aufgesucht hat. Von ihr haben wir auch eine der ältesten Beschreibungen des frühchristlichen Gottesdienstes und der liturgischen Bräuche in Jerusalem: eine unschätzbare Quelle der Glaubensüberzeugung der Gemeinden.

Die spanische Pilgerin war nicht nur für ihre Zeit eine Ausnahme. Frauen konnten sich wegen der herrschenden Vorurteile ihnen gegenüber und der gesellschaftlichen Bedingungen selten damit durchsetzen, auf den Weg zu gehen. Versuchten sie es doch, wurden sie nicht selten abgestraft, weil sie mit den Dirnen am Weg gleichgesetzt wurden. Bis in die heutige Zeit war das so. Erst allmählich nimmt die Zahl der

Frauen auf den Pilgerwegen zu. Auf dem Jakobusweg nach Spanien sind es inzwischen ein Drittel Frauen, die selbstbewusst ihren Weg gehen. Im Gegensatz zu den Christen sind im Islam auch die Frauen verpflichtet, wenn sie es sich leisten können, einmal im Leben nach Mekka zu pilgern. Ein in dieser Hinsicht ermutigendes Wort hat Papst Benedikt XVI. gesagt, das nicht nur für pilgernde Frauen gilt: Die Frauen selbst werden sich mit ihrem Schwung und ihrer Kraft, mit ihrem Übergewicht sozusagen, mit ihrer geistlichen Potenz ihren Platz zu schaffen wissen. Und wir sollten alle versuchen, auf Gott zu hören, dass wir ihn darin nicht behindern, sondern uns freuen, dass das Weibliche in der Kirche – wie es sich gehört – seine kraftvolle Stelle erhält.

Zwei weitere große Ziele gab es dann im Mittelalter für die Pilger, vor allem als der Weg nach Jerusalem durch die Kreuzzüge und in der Folge durch den Islam versperrt war: Rom und Santiago de Compostela. In manchen Kirchen finden sich noch heute die Andenken, die von diesen Wallfahrten mit nach Hause gebracht wurden: Ein Palmzweig aus Jerusalem, einen in Metall gegossenen Petersschlüssel aus Rom und die Muschel, die an der Küste des Atlantiks gesammelt und durch die Berührung mit dem Grab des Apostels Jakobus des Älteren in Santiago zum Kennzeichen der Pilgerfahrt wurde. Das Muschelzeichen als Symbol der Jakobspilgerfahrt hat sich bis heute erhalten und wird zur Kennzeichnung der vielen Wege verwendet, die aus dem Osten Europas wie ein großer Fächer nach Santiago führen.

Licht und Schatten

Auf der Suche nach dem Weg und sich selbst steht der Pilger irgendwann vor seinem eigenen Schatten. Es gehört zu den Geheimnissen des Wegs, dass plötzlich und oft mit voller Wucht die dunkle Seite des Lebens aufbricht. Da mag einer noch so schnell gegangen sein – die Vergangenheit holt ihn ein. Diese Erfahrung, so schmerzhaft sie sein kann, ist wichtig. Erst jetzt kann die Reinigung beginnen.

»Das einzig Wichtige im Leben sind die Spuren von Liebe, die wir hinterlassen, wenn wir Abschied nehmen.« (Albert Schweitzer)

Die Gegenwart ist ohne die Vergangenheit nicht zu verstehen. Auch wenn der Buddha rät: »Laufe nicht der Vergangenheit nach, verliere dich nicht in der Zukunft. Die Vergangenheit ist nicht mehr. Die Zukunft ist noch nicht gekommen ...«, gilt es vor allem, das Dunkle, vielleicht sogar das Böse von gestern aufzuarbeiten und dann loszulassen. Alte Schwächen, Fehler oder Verbrechen werfen lange Schatten. Unterwegs bleibt viel Zeit, sich davon zu lösen.

Im besten Fall werden die Schatten der Vergangenheit unterwegs hervorgeholt, durchgekaut, bewertet und dann Schritt für Schritt losgelassen. Der sichtbare Schatten, der uns als Pilger vom Sonnenaufgang bis zum Untergang begleitet, erinnert an die schwierigste Aufgabe, die der Weg bereithält. Verdrängen oder Nicht-wahr-haben-Wollen sind keine Lösung. Das erzählt auch eine alte Pilgerlegende: Ein Pilger begegnete unterwegs einem anderen, ähnlich gekleidet wie er selbst. Sein Gegenüber forderte ihn auf, ihm seinen Schatten zu überlassen, dann würde ihm das Geld im Beutel nicht ausgehen, so viel er auch ausgebe. Gesagt, getan. Etwas unwohl war dem Pilger schon, als ihn selbst im hellsten Sonnenlicht kein Schatten mehr begleitete. Natürlich bemerkten es auch die Menschen, denen er begegnete. Voller Scheu machten sie einen weiten Bogen um ihn. Schließlich teilte niemand mehr den Weg mit ihm: Ein Mensch ohne Schatten, das konnte nur Böses bedeuten.

»Ein Fuchs betrachtete bei Sonnenaufgang seinen langen Schatten und beschloss: ›Heute werde ich ein Kamel packen und verschlingen.‹ Den ganzen Morgen war er auf der Suche nach Kamelen. Gegen Mittag beäugte er seinen klein gewordenen Schatten und meinte: ›Eine Maus würde auch genügen.‹« (Alte arabische Fabel)

Doch am Ende des Prozesses steht oft die überraschende Bereitschaft, offen und frei zu seinen Schattenseiten zu stehen und sich mit ihnen zu versöhnen. Der Schatten sagt: Das bist du auch. Wer diesen Erkenntnisschritt vollzogen hat, kann in Gelassenheit zu sich selbst stehen. Der Mensch tritt dann als Pilger in das Stadium der Reife ein. Ein Angeber wird nie zu seinen Fehlern stehen können. Er muss ständig den Schein wahren. Der reife Mensch weiß, dass Licht und Schatten zusammengehören; mehr noch: dass es ohne Schatten kein Licht gibt und ohne Licht keinen Schatten. Es ist der Zwiespalt zwischen beiden, der das menschliche Leben so schwierig macht. Der Pilger strebt nach Ganzheit, nach der Vereinigung mit sich selbst.

Die Schattenseiten haben etwas zu sagen. Sie werden es dem Pilger unterwegs offenbaren und auf die andere Seite seines Lebens verweisen. Sie helfen uns, im Dunkeln zu sehen und das Licht zu erkennen. Die Schatten offenbaren auch jene durchaus positiven Seiten, die wir vielleicht noch gar nicht wahrgenommen haben an uns: Unser Zorn wird vom aktiven Engagement begleitet, unser Egoismus von einem starken Mitgefühl für andere, unsere Bitterkeit von ausgleichender Barmherzigkeit. Mit der Anerkennung und Umformung der Schattenseiten können wir zur Einheit, zur Ganzheit finden.

Jeder trägt in sich mindestens einen großen und schwerwiegenden Fehler. Diesen Fehler zu benennen, vielleicht sogar gegenüber anderen, Freunden wie Feinden, macht uns frei und verwandelt ihn in positive Energie. Dann wird unser Fehler keinen Schaden mehr anrichten können. Wie ein Pilger werden wir mit jedem Schritt auf uns zu neue Landschaften und damit neue Möglichkeiten erkennen. Das ist das Geschenk dieser mühsamen und allerdings nur auf den ersten Blick so enttäuschenden Reise zu uns selbst.

Auf der falschen Fährte

Jeder Fehler zeigt uns eine persönliche Beschränkung an: Wir wissen dann, woran wir mit uns sind. Wir brauchen von uns deswegen nicht enttäuscht zu sein. So wie ein Pilger, der sein Etappenziel wegen widriger Umstände nicht erreicht. Morgen ist auch noch ein Tag. Es wird ein heller Tag sein, wenn wir uns unserer Dunkelheiten bewusst sind.

Als Pilger schlägt man auch manchmal einen falschen Weg ein. Zum Glück gibt es Markierungen und Karten und inzwischen sogar Navigationssysteme. Dennoch, gelegentlich heißt es schlicht und einfach: zurück. Doch wer geht schon leichten Herzens einen, zwei Kilometer zurück, wenn er noch hunderte vor sich hat? Dann hilft die Einsicht: Auf der falschen Fährte wird der Fehler immer größer. Die Bitte nach dem richtigen Weg wird unterwegs und im ganzen Leben zu einer existenziellen Aufgabe. Die Bereitschaft wie die Fähigkeit zu Umkehr und Neubeginn zeugen von der Stärke und Reife eines Menschen.

Wie schon erwähnt: War ein Pilger auf dem Weg nach Santiago in die Irre gegangen, riefen ihm Einheimische warnend zu: »Das ist nicht der wahre Jakob.« Der »wahre Jakob« sagt auch heute noch, dass mit einem Menschen oder einer Sache alles in Ordnung ist. Manche vermuten, dass diese Version nicht dem Pilgerweg zu verdanken ist, sondern auf einen Betrug zurückweist, den die Bibel im Alten Testament überliefert:

Jakob verkleidete sich als sein Bruder Esau, um sich als nachgeborener Zwilling von seinem erblindeten Vater den Segen für den Erstgeborenen zu erschleichen (Genesis 27,6ff.).

Die Stunde der Einsamkeit

Für jeden Pilger kommt die Stunde der Einsamkeit. Dann schleichen sich die Fragen ins Gemüt: Warum hast du dich auf den Weg gemacht? Ist das Unternehmen nichts als eine verrückte Idee? Wohin soll das Ganze führen? Der tote Punkt scheint erreicht, den wohlmeinende Freunde vorausgesagt hatten. Fragen und Zweifel am Sinn der Pilgerfahrt tauchen auf und machen sich breit. Lähmung droht. Mutlosigkeit. Der Gedanke aufzugeben, umzukehren, heimzugehen drängt sich auf und lähmt die Schritte.

Den schweren Gedanken geht man aus dem Weg, wenn man einfach geht. Wenn Mitpilger als Begleiter da sind, die diese dunkle Erfahrung bereits hinter sich gebracht haben, fällt es leichter, nicht aufzugeben. Bald macht es einem als Pilger nichts mehr aus, zu gehen, ohne anzukommen. Schon am frühen Morgen lockt der Weg. Dann hat man ihn allen anderen voraus.

Dennoch: Die störenden Gedanken sind noch nicht und für immer überwunden. Gedanken über den Sinn und Zweck des Ganzen, wieder und wieder. Das ganze Leben ist ein Weg. Wenn es schwierig wird, muss wenigstens der Geist auf dem Weg bleiben. Er darf sich durch nichts festhalten lassen. Auch das ist eine Pilgererkenntnis: Der Geist macht sich auf und davon, wenn die Beine noch so müde sind. Selten geht der Geist den Weg mit, meist eilt er voraus. Er ist längst am Ziel. Dann kehrt er wieder zurück und treibt den Müden an wie ein treuer Hund, der als Begleiter voraustrabt und zur

»Pilgerkette: Wer geht voran, wer kommt hinterher? Die Steineichen und Wachholderbüsche saugen die Pilger auf, flüstern den Kommenden, winken den Gehenden, raunen ihnen Vergangenheit, deuten die Zukunft. Ihre Schatten schwingen nach Gestern und Morgen. Nie bist du der Erste, niemals der Letzte. Der Erste der Letzten bist du auf dem Weg.« (Eintrag ins Pilgerbuch)

Ermunterung zurückkommt: Bis hierher und dann weiter. Immer weiter.

Was sind das für Menschen auf dem Weg? Alle möglichen Typen begegnen sich und trennen sich wieder. Manche hinterlassen einen Eindruck, und der Kontakt zu ihnen hält lange. Andere vergisst man schnell wieder. Die Sportler und Langläufer beispielsweise, für die der Pilgerweg nichts anderes ist als eine körperliche Herausforderung und Selbstbestätigung. Die Kulturbeflissenen, die sich lange an besonderen Orten festhalten lassen und dickleibige Abhandlungen mit sich herumtragen. Sympathischer sind schon die Aussteiger, die einfach nur unterwegs sind, auch wenn sie nicht wissen, wohin. Sie kommen dem Pilger sehr nahe.

Was treibt Menschen auf den Weg?

Was suchen Menschen auf der Pilgerfahrt? Manche gönnen sich damit eine Auszeit und erleben plötzlich, wie sie nicht nur zu Ruhe, sondern auch mit sich ins Reine kommen. Viele suchen die Stille; andere sind ganz einfach neugierig, was da auf sie zukommt. Bei den abendlichen Gesprächen in der Herberge werden in vielen Sprachen die unterschiedlichsten

»Zeige mir, Herr, deine Wege, lehre mich deine Pfade! Führe mich in deiner Treue und lehre mich; denn du bist der Gott meines Heiles. Auf dich hoffe ich allezeit.« (Psalm 25,4.5)

Motive ausgetauscht: Der Dank für einen gut überstandenen schweren Unfall. Die Trauer über den frühen Tod eines Kindes oder der Ehefrau. Die Bitte um die Erkenntnis, wie der Lebensweg weitergehen soll. Die Neugierde. Die Sehnsucht nach etwas, was sich nicht mit Worten beschreiben lässt.

In früheren Zeiten spielten Buße oder die Erfüllung eines Gelübdes eine entscheidende Rolle, eine weite, ungewisse Pilgerfahrt zu unternehmen. Heute kann man Drogenabhängigen mit psychotherapeutischer Begleitung begegnen, die sich die Befreiung von ihrer Sucht erhoffen. Man kann junge Menschen erleben, die sich statt einer Jugendstrafe auf den Weg machen durften. Man kann sich mit Senioren austauschen, die sich vom Frust der vorzeitigen Pensionierung befreien und es sich beweisen wollen, dass das Leben doch noch mehr zu bieten hat als das Warten auf den Tod.

Und da ist noch das Wunder, das bis in die Zeit der Reformation viele auf den Weg brachte. Statt Landkarten gab es im Mittelalter die Wunderberichte, die den Pilger von Ort zu Ort führten und erkennen ließen, ob man noch auf dem »wahren Jakob« war. Menschen, die von einer Pilgerfahrt zurückkamen und von erfahrenem Heil oder wundersamen Heilungen berichteten, brachten andere auf den Weg. Noch immer sprechen sich Wunder und Erscheinungen herum, selbst wenn sie nichts anderes als ein Zufall waren. Sie wecken Hoffnungen, dass einem selbst Ähnliches widerfährt.

Aber auch das gibt es noch und wieder: Vagabunden, die ohne die Straße nicht mehr leben können und kein Ziel brauchen. Moderne Nomaden, denen der Weg nicht wichtig ist, sondern überall dort anzutreffen sind, wo andere gehen. Schließlich Menschen, die aus ihrer bisherigen Welt, die sie meist wie ein Hamster im Laufrad erlebt oder als ein Gefängnis erfahren haben, ausbrechen wollen.

Manchmal wird man als Pilger gefragt, ob es nicht mühsam sei oder langweilig, so lange unterwegs zu sein. Auch auf diese Frage gibt der Weg eine Antwort. Der Sesshafte lebt seine Tage wie in einem Gefängnis, einem Käfig: Begrenzungen nach allen Seiten. Vieles an Kraft und Lebensenergie geht im Kampf gegen diese Grenzen verloren. Ein Tag kommt und geht wie der andere. Als Pilger dagegen wird man sich bald des Besonderen, der Heiligkeit eines jeden neuen Tages bewusst. Jeder Tag markiert einen Anfang, ist Geschenk und Aufgabe zugleich. Zu Hause in den eigenen vier Wänden oder am Arbeitsplatz ist es schon weitgehend abgemacht, wie der Tag verlaufen wird. Das Unterwegssein hält Überraschungen bereit, vor allem aber auch die ständige Gegenwart der göttlichen Natur voller Tiefe und Schönheit. Sie löst in vielen starke Gefühle aus, die sie sonst nur sehr selten erfahren.

Es gibt einen ewigen Punkt in uns, eine Art Markierung. Dort beginnen alle Lebenswege. Dort enden sie alle. Wer das entdeckt hat, versteht das Wort von Angelus Silesius: »Halt an! Wo läufst du hin? Der Himmel ist in dir. Suchst du Gott anderswo, du fehlst ihn für und für.«

Spuren folgen, Spuren hinterlassen
Ich bin ein Pilger, der sein Ziel nicht kennt;
der Feuer sieht und weiß nicht, wo es brennt;
vor dem die Welt in fremde Sonnen rennt.

Ich bin ein Träumer, den ein Lichtschein narrt;
der in dem Sonnenstrahl nach Golde scharrt;
der das Erwachen flieht, auf das er harrt.

Ich bin ein Stern, der seinen Gott erhellt;
der seinen Glanz in dunkle Seelen stellt;
der einst in fahle Ewigkeiten fällt.

Ich bin ein Wasser, das nie mündend fließt;
das tauentströmt in Wolken sich ergießt;
das küsst und fortschwemmt, weint und froh genießt.

Wo ist, der meines Wesens Namen nennt?
Der meine Welt von meiner Sehnsucht trennt?
Ich bin ein Pilger, der sein Ziel nicht kennt.

Erich Mühsam

Pilgerziele in aller Welt

An manchen Wallfahrtsorten, den End- und Wendepunkten einer Pilgerfahrt, bekommt man leider den Eindruck, als wäre das Heilige, als wäre Gott selbst ein Konsumartikel: Das religiöse Erlebnis als Lohn für die aufgewandte Zeit und Mühe. Das kann zu Ernüchterung, zu Enttäuschung führen. Das Geschäft holt den Pilger ein. Jetzt gilt es erst recht, sein Herz und den Weg für sich festzuhalten und ihn nicht vordergründigen Befriedigungen zu opfern.

»Der Weg trägt die Sehnsucht nach dem Ziel. Doch das Ziel hat bereits den Abschied in der Tasche.« (Pilgerweisheit)

Dann wird uns als Pilger die tiefe, nur in unserem Inneren erlebbare Erfahrung geschenkt: Gott macht sich an solchen besonderen Orten berührbar. Alle Sinne sind an dieser Art der Begegnung beteiligt. Die spirituellen Zentren sind Kraftfelder, von denen eine unbeschreibliche Energie ausgeht. Das gilt für alle Religionen. Mag sein, dass die geistige Aktivität von Millionen Menschen diese Orte mit einer spirituellen Energie aufgeladen haben, die der Ankommende körperlich spürt.

Dazu eine Geschichte aus der Bibel: »Im selben Augenblick fühlte Jesus, dass eine Kraft von ihm ausströmte, und er wandte sich in dem Gedränge um und fragte: Wer hat mein Gewand berührt? (…) Da kam die Frau, zitternd vor Furcht, weil sie wusste, was mit ihr geschehen war; sie fiel vor ihm nieder und sagte ihm die ganze Wahrheit. Er aber sagte zu ihr: Meine Tochter, dein Glaube hat dir geholfen. Geh in Frieden! Du sollst von deinem Leiden geheilt sein« (Markus 5,30ff.). Ein ähnliches Gefühl der Heilung überkommt viele Pilger, wenn sie ankommen, eine »heilige Treppe« emporsteigen, ein Bild berühren, sich mit dem Wasser der Gnadenquelle benetzen, das Heiligtum betreten, eine Kerze entzünden, in den betenden und singenden Chor der Menschen einstimmen.

Für den christlichen Pilger war das Land der Bibel die erste Wahl, obwohl es ursprünglich für Christen keine heiligen Stätten gab. Jesus Christus ist selbst Weg und Ziel. Doch hat er nicht Frauen und Männer in die Nachfolge und damit in eine Art Pilgerschaft gerufen? Aber er machte seinen Weg nicht an bestimmten Orten fest. Deswegen sagte er im Gespräch mit der Samariterin am Jakobsbrunnen: »Die Stunde kommt, da ihr weder auf diesem Berg noch in Jerusalem den Vater anbeten werdet« (Johannes 4,21). Der Himmel steht überall offen und ist den Menschen überall gleich nah. Das sollte man im Überschwang der Gefühle nie vergessen.

Gregor von Nyssa, ein Kirchenvater, schreibt Ende des 4. Jahrhunderts über Jerusalem: »Die Orte der Kreuzigung und der Auferstehung liegen inmitten einer hektischen Stadt; in ihr gibt es … Dirnen, Schauspieler und Witzbolde.« Trotz dieser frühen Kritik wird Jerusalem zum großen und ersten Pilgerziel der Christenheit. Menschen wollten in den Spuren dessen gehen, der ihnen die Frohe Botschaft gebracht hatte. Sie wollten an den Plätzen sitzen, an denen Jesus gepredigt hatte. Sie wollten aus den Quellen trinken, aus denen der

Heiland Wasser geschöpft hat. Nach wie vor üben die Wege in Israel und Palästina eine große Anziehungskraft aus, auch wenn die wenigsten darauf zu Fuß gehen.

Dann waren es die Gräber der Apostel Petrus und Paulus. Sie haben die Pilger nach Rom gezogen. Als drittes großes Pilgerziel in Europa entwickelte sich Santiago de Compostela; dort wird der Apostel Jakobus der Ältere verehrt, dessen Grab sich hier findet.

Immer wichtiger wurden die Orte der Erscheinungen Marias, der Mutter Jesu. So wird beispielsweise in La Salette, Lourdes oder Fatima – Erscheinungs- und Wallfahrtsorte Mariens – die Sehnsucht vieler Menschen nach der Begegnung mit dem Mütterlichen erfüllt; eine Seite, die in der christlichen Religion oft zu kurz kommt.

Schließlich sind es Gnadenbilder, meist Darstellungen der Muttergottes mit ihrem toten Sohn auf dem Schoß, in die Wundergeschichten verwoben sind und die eine große Anziehungskraft besitzen. Solche Orte liegen oft im Nahbereich und sind an einem oder an wenigen Tagen erreichbar: Gut und praktisch für den überkommenen Brauch, jedes Jahr wenigstens einmal an diesen Wallfahrtsort zu pilgern.

Was ist anderen Religionen heilig?

Der Ursprung der Pilgerfahrt liegt sicher in der Frühzeit der Menschheit, gehen doch schon die biblischen Berichte fast 3000 Jahre zurück in die Zeit vor Beginn unserer Zeitrechnung. Die Menschen waren offenbar von einem Berg, einer Quelle oder einer Höhle so fasziniert, dass sich schnell eine Tradition entwickelte, bei bestimmten Anlässen dorthin zu pilgern. Der Berg Kailasch in Tibet ist einer dieser Orte. Von Buddhisten, Sikhs, Hindus und Jainas wird der 6700 Meter hohe Berg in der Himalayakette als Wohnung Gottes verstanden, den noch kein Mensch bestiegen hat. Dafür ist es Brauch, den Berg auf einer Höhe von fast 5 000 Metern pilgernd zu umrunden. Der Fußweg dauert mehrere Tage. Allein die Vorstellung, dass es Orte und Räume in unserer zivilisierten Welt gibt, die noch kein menschlicher Fuß betreten hat, macht diese Pilgerfahrt inzwischen auch für Europäer anziehend.

Von ganz anderer Art ist das heilige Bad der Hindus im Ganges. Doch alle zwölf Jahre kommt die Steigerung der Pilgerfahrt zum Heiligen Fluss. Dann zieht es unvorstellbare Menschenmassen zur »Kumbh Mela«, die am Zusammenfluss des Ganges und des Yamuna gefeiert wird. Dort, wo sich die beiden heiligen Flüsse treffen, reinigen sich die Pilger nicht nur von ihren Sünden des Alltags, sie suchen auch die Erlösung aus dem Kreislauf der Wiedergeburten. Letztlich geht es, begleitet von Gebet, Verzicht und Opfern verschiedener Art, darum, Gott zu finden.

Sieben Mal umschreiten die Mekkapilger des Islam die Kaaba, ein schwarz verhängtes würfelartiges Gebäude, das innen leer ist: ein Zentrum der Stille, um das sich buchstäblich alles dreht. Dennoch heißt es im Koran: »Gott ist dir näher als deine Halsschlagader. Wohin du dich auch wendest, dort ist Gottes Angesicht.« Deutlich gemacht wird das durch ein »Opfer«, das die Pilger hier hinterlassen: eine Haarlocke als persönliches Symbol. Manche lassen sich aus diesem Grund den Kopf kahl scheren.

Die meisten Religionen betonen im Zusammenhang mit dem Pilgern die Notwendigkeit der Gemeinschaft. »Denn wir sind voneinander abhängig. Unser Wohl beruht auf dem Wohl der anderen. Früher oder später erhält jeder das zurück, was er gibt«, sagt Hazrat Inayat Khan. Er war indischer Musiker und Sufi-Meister und brachte Anfang des 20. Jahrhunderts die Botschaft der Sufi, einer mystischen Bewegung des Islam, in den Westen.

Für die Indianer ist die ganze Natur heilig. Ihre Pilgerstätten können ein Felsblock, ein Baum, eine Quelle sein. Einer der schönsten Winkel unserer Erde ist das »Indianerheiligtum« Sedona, die kleine Stadt am Ausgang des Oak Creek Canyon im Verde Valley. Ihre Tempelhöhle symbolisiert die Innenwelt des Pilgers. Damit wird gezeigt, dass der entscheidende Grund des Pilgerns der Weg zu sich selbst ist und nicht irgendein anderes Ziel. Um sich nicht dieser Gefahr auszusetzen, bei sich selbst anzukommen und mit sich nichts anfangen zu können, gehen viele nicht auf den Pilgerweg. Der Weg zu sich ist wie ein Abenteuer. Zum Abenteuer braucht es nicht nur Neugierde, sondern auch Mut.

Ein Pilgerreise der besonderen Art ist das »Fegefeuer des heiligen Patrick« in Irland. Die Insel Station Island darf nur von Pilgern betreten werden, die bereit sind, drei Tage lang zu beten, zu fasten, sich Bußübungen zu unterziehen und auf Schlaf weitgehend zu verzichten.

In der nordindischen Stadt Kusinara, dem Sterbeort des Buddha, liegen auch seine Reliquien in einer Stupa. Die Stupa, ursprünglich ein Grab, wurde zu einem vieldeutigen Symbol, vor allem aber ist sie ein Wegweiser zur Erleuchtung des Menschen. Ein weiterer wichtiger Ort für Buddhisten, inzwischen auch für Europäer auf der Suche nach Wegweisung, ist Bodhgaya, jener Ort, an dem Gautama Siddharta spirituell erwachte und so zum Buddha, zum Erleuchteten wurde. Viele Pilger aus Japan, Korea, Thailand und Sri Lanka kommen hierher. Es gilt die Regel zu erfüllen, Mantras an einem Rosenkranz aus 108 Perlen zu zitieren und sich hunderttausend Mal niederzuwerfen.

Recht verstanden weht an allen heiligen Orten ein heilender, heilsamer Geist, wenn magische Missverständnisse und abergläubische Haltungen überwunden werden. Denn es bleibt wahr und spürbar: An jedem Ort ist ein wenig jener spirituellen Energie zu spüren, die von den Pilgern dort zurückgelassen wird. Nicht umsonst sagt Jesus: »Wo zwei oder drei gemeinsam um etwas bitten, wird es ihnen gegeben.«

Das wahre Ziel erreicht

Zwei Freunde machten sich auf den Pilgerweg nach Santiago de Compostela zum Grab des Apostels Jakobus. Sie versprachen, den Weg miteinander zu gehen, Freud und Leid, Hitze und Regen zu teilen. So kamen sie nach vielen gemeinsamen Wochen nach Spanien. Nun war es nicht mehr weit bis zum ersehnten Ziel.

In der Meseta brannte die Sonne unerträglich, und der Durst der beiden war groß. Endlich kamen sie an einen einsamen Bauernhof. Der eine ging, um die Wasserflasche zu füllen; der andere legte sich einen Augenblick im Schatten einer Eiche nieder und schlummerte ein. Als er erwachte, war es spät am Tag. Die Sonne stand schon im Westen. In der Meinung, sein Freund sei ihm vorausgegangen, machte er sich eilends auf den Weg, konnte ihn aber an diesem Abend nicht mehr einholen. Auch die nächsten Tage war es so. Endlich kam er nach Santiago, traurig darüber, seinen Freund verloren zu haben.

Doch wie staunte er, als er beim ersten Besuch in der Kathedrale das Gesicht seines Freundes entdeckte. Über dem Hochaltar umarmte er gerade die Figur des Apostels. Bis er jedoch die Treppe erreichte, war sein Freund verschwunden. Bei der Pilgermesse wiederholte sich das Gleiche: Unter den sieben Männern, die in weinroten Röcken das große Weihrauchfass durch das Querschiff der Kirche bewegten, erkannte er den verlorenen Freund. Doch abermals war er verschwunden, bevor er sich nach dem Ende der Zeremonie durch die Menschenmenge zur Sakristei zwängen konnte. Und ein drittes

Mal konnte er seinen Freund entdecken, als er in der langen Schlange derer stand, die in der Krypta das Grab des Apostels verehren wollten. Aber auch diesmal konnte er nicht zu ihm gelangen. Enttäuscht machte er sich auf die Heimreise.

Wie überrascht war er, als er nach vielen Wochen im heimatlichen Dorf seinen Freund antraf. Und noch überraschter, als er hören musste, der andere habe Santiago gar nicht erreicht. »Weißt du«, erklärte er, »in dem Haus, in dem ich Wasser für uns beide holen wollte, war der Bauer gestorben. Er hatte drei Kinder als Waisen hinterlassen. Da entschloss ich mich, zu bleiben und für das Nötigste zu sorgen, bis andere weiterhelfen konnten. Du warst verschwunden, und ich konnte dir nichts erklären.« Da begriff der Pilger, dass sein Freund, den er drei Mal in Santiago gesehen hatte, schon vor ihm das wahre Ziel der Pilgerfahrt erreicht hatte.

6 Den eigenen Weg finden – praktische Tipps

Literatur zum Thema – eine Auswahl

Zum Pilgern im Allgemeinen

Detlef Lienau: Sich fremd gehen. Warum Menschen pilgern, Ostfildern 2009

Egon Mielenbrink: Wallfahrtsorte – Stätten des Gebets, Mainz 2006

Norbert Ohler: Pilgerstab und Jakobsmuschel, Wallfahren in Mittelalter und Neuzeit, Düsseldorf 2003

Michael Rosenberger: Wege, die bewegen. Eine kleine Theologie der Wallfahrt, Würzburg 2008

Ellen Ueberschär (Hg.): Pilgerschritte. Neue Spiritualität auf uralten Wegen, Loccum, 2005

Godehardt Wallner: Wallfahrten heute – Den Heilsweg zu Fuß erleben. Zur spirituellen Wiederentdeckung des Glaubenswegs, Stuttgart 2001

Notker Wolf: Wohin pilgern wir? Alte Wege und neue Ziele, Reinbek 2009

Ulrich Wegner: Der Jakobsweg. Auf der Route der Sehnsucht nach Santiago de Compostela, Freiburg im Breisgau 2007

Zur Kulturgeschichte des Pilgerns/der Pilgerorte

Kurt Benesch: Santiago de Compostela. Als Pilger auf dem Jakobsweg, Neuausgabe, mit Fotografien von Rolf Hesse, Freiburg im Breisgau 2009

Henry Branthomme, Jean Chelini: Auf den Wegen Gottes. Die Geschichte der christlichen Pilgerfahrten, Paderborn 2001

Andreas Drouve: Lexikon der Wallfahrtsorte. Ihre Geschichte und heutige Bedeutung, Paderborn 2006

Andreas Drouve: Lexikon des Jakobswegs. Personen – Orte – Legenden, Freiburg im Breisgau 2007

Klaus Herbers: Jakobsweg. Geschichte und Kultur einer Pilgerfahrt, München 2006

Herbert Kraume: Auf heiligen Wegen. Geschichte, Mythos und Kultur des Pilgerns, Ostfildern 2008

Egon Mielenbrink: Beten mit den Füßen. Über Geschichte und Praxis von Wallfahrten, Mainz 2001

Egon Mielenbrink: Zieh weg aus deinem Land. Pilger der Bibel und ihre Botschaft, Kevelaer 2006

Erfahrungsberichte

Felix Bernhard: Dem eigenen Leben auf der Spur. Als Pilger auf dem Jakobsweg, Frankfurt 2007

Roland Breitenbach: Lautlos wandert der Schatten, Schweinfurt 1990

Christian Jostmann: Nach Rom zu Fuß. Geschichte einer Pilgerreise, München 2007

Hape Kerkeling: Ich bin dann mal weg. Meine Reise auf dem Jakobsweg, München 2007

Arthur Pahl: Verschlungene Wege. Wahre Geschichten von Pilgern und Gottsuchern, Augsburg 2009

Carmen Rohrbach: Muscheln am Weg: Mit dem Esel auf dem Jakobsweg durch Frankreich, Hamburg 2006
Andrea Schwarz: Die Sehnsucht ist größer. Vom Weg nach Santiago de Compostela. Ein geistliches Pilgertagebuch, Freiburg im Breisgau 2008

Spirituelle Wegbegleiter

Bayerisches Pilgerbüro München e.V. (Hrsg.): Auf dem Weg. Lieder und Gebete für Wallfahrten, Pilgerreisen und Gottesdienste, Leipzig 2003
Rudolf Bischof, Klaus Gasperi: Das kleine Buch zum Pilgern. Texte und Impulse fürs achtsame Gehen, Innsbruck 2005
Gabriele Bunz-Schlösser: Auf dem Jakobsweg der Seele. Schritt für Schritt zu einem erfüllteren Leben, Freiburg im Breisgau 2009
Paulo Coelho: Auf dem Jakobsweg, Zürich 2007
Andreas Drouve: Segensworte vom Jakobsweg, Freiburg im Breisgau 2008
Anselm Grün, Jürgen Hohmuth: Die Weisheit des Pilgerns, Gütersloh 2008
Ulrich Hagenmeyer: Das Ziel ist der Weg. Auf dem Jakobsweg nach Santiago de Compostela, Stuttgart 2007
Mario Hundsdörfer: Schritte nach innen. Texte und Gedanken für Wallfahrten, Norderstedt 2006
Jakobsbibel, Freiburg im Breisgau 2008
Kurt Rainer Klein: Du bist unser Weg. Gebete, Meditationen und Impulse für unterwegs, Freiburg im Breisgau 2009
Peter Müller: Die Seele laufen lassen. Pilgertage und spirituelle Wanderungen, München 2004
Peter Müller: Wer aufbricht, kommt auch heim: Vom Unterwegssein auf dem Jakobsweg, Eschbach 2006

Andrea Schwarz: Den Weg im Herzen tragen. Ein Begleitbuch für Wallfahrer und Daheimgebliebene, Freiburg im Breisgau 2006

Die meisten Titel zum Thema befassen sich heute mit dem Jakobsweg, weil er zurzeit der populärste Pilgerweg ist. Viele der Erfahrungen der Pilger sowie der Hintergründe des Pilgerns lassen sich aber auf andere Pilgerorte übertragen. Sollten Sie speziell zu einem anderen Pilgerweg etwas suchen, schauen Sie bitte auf die unten stehenden Internetadressen. Auf den meisten Seiten finden Sie ebenfalls noch einmal Literaturlisten, die sich dann auch ganz speziell mit der Thematik beschäftigen. Die hier getroffene Auswahl soll ein möglichst breites Spektrum an Titeln abdecken und Ihnen so als »Leseaufhänger« oder »Appetithappen« dienen, der Sie ans Thema heranführen kann, an dem entlang und über den hinaus Sie selbst auf Entdeckungstour durch das reiche Angebot an Büchern zum Thema gehen können.

Nicht berücksichtigt sind absichtlich alle Reise- und Pilgerführer sowie Streckenbeschreibungen von Pilgerwegen, da es hier nicht um die praktische Umsetzung des Weges, sondern um die spirituelle Tiefe des Pilgerns und Unterwegsseins geht. Auf den unten genannten Seiten im Internet finden Sie aber auch Literaturhinweise und praktische Tipps in Bezug auf diesen Aspekt.

Unterwegs im Netz: Adressen und Hilfe im Internet

www.pilger-weg.de
Bietet Pilgerwege von a–z, eine Extrasparte für Jakobspilger und Rompilger, Wegbeschreibungen, Pilgergebiete, Pilgerorte, Personen, die mit Pilgerwegen und Pilgerorten in

Verbindung stehen, Geschichtliches zum Pilgern und Zitate und Aphorismen zum Thema

www.pilgern.at
Alles rund ums Pilgern, nicht nur in Österreich: Was man zum Pilgern braucht, Literatur, Übersicht über Pilgerwege, Impulse zum Thema, Links, praktische Tipps und vor allem: Austausch. Es gibt hier eine Community für Pilger und ein Forum, in dem man alle Fragen zum Thema stellen kann

www.pilgern.ch
Allgemeine Informationen zum Pilgern (nicht nur in der Schweiz), zum Teil sehr detailliert und mit vielen Hintergründen und Bildern zum Thema. Spezielles und großes Angebot zum Jakobsweg/für Jakobswegpilger, auch Angebote zu Pilgerreisen für Gruppen auf dem Jakobsweg; Links und Literatur zum Thema vervollständigen das Angebot

www.eurovia.tv
Diese Internetseite ist als Plattform von Pilgern für Pilger gedacht. Neben einem Forum, das diesem Ziel dient, findet man hier Dokumentationen, Bücher, Karten, Unterkünfte, Wegbeschreibungen, Erlebnisberichte für Fernpilgerwege in Europa.

www.katholisch.de/106.html
Informationen zu verschiedenen Wallfahrtsorten und Pilgerreisen sowie Adressen der verschiedenen Diözesan-Pilgerstellen, sonstigen Informationsstellen und Wallfahrten der verschiedenen Bistümer und Diözesen in Deutschland.

Speziell zum Jakobsweg gibt es ein Portal, in dem alle relevanten Seiten zum Thema verlinkt sind: www.jakobus-info.de. Hier findet man beinahe alles, was man sich rund um den Jakobsweg denken kann: Informationen zum Weg im Allgemeinen, zu den verschiedenen Routen, was man vor Reiseantritt wissen sollte, wie man an Pilgerausweise, Pilgerstempel und Pilgerurkunde kommt, was in den Rucksack gehört, Informationen für Radpilger, Unterkünfte an den Pilgerwegen, Helfende Hände am Camino, was Pilger über ihren Weg berichten, wer eine(n) MitpilgerIn oder eine Mitfahrgelegenheit sucht, Literatur und vieles mehr. Als Netzwerk sei auch noch einmal auf die Seiten www.pilgern.at und www.pilgern.ch verwiesen, hier gibt es eine große Community zum Pilgern.

Für die Wallfahrt nach Rom, Lourdes oder Israel gibt es nichts Vergleichbares. Daher ist es sinnvoll, bei Pilgerfahrten zu diesen Orten oder anderen, eher nur regional bekannten Wallfahrtsorten nach den Angeboten in Ihrer Nähe zu schauen. In den meisten Fällen können Sie diese über die Kirchgemeinde in Erfahrung bringen. Für einige Pilgerfahrten sind aber auch die Bruderschaften Ansprechpartner (allen voran die verschiedenen Jakobusbruderschaften, zu finden unter:
www.jakobus-info.de/compostela/97c.htm,
oder die Matthiasbruderschaft:
http://www.kirche-im-bistum-aachen.de/kiba/dcms/traeger/5/matthiasbruderschaften/index.html)
Sie organisieren oft auch Wallfahrten zu den Pilgerstätten außerhalb Deutschlands und werden Ihnen dazu weitere Informationen geben und Anlaufstellen nennen können. Auch hier sei nochmals auf die Internetseite der Katholischen Kirche in Deutschland verwiesen (www.katholisch.de), auf der Sie Ansprechpartner und Anlaufstellen in Ihrer Nähe finden können.

Inspiration Christentum

Welche Impulse kann das Christentum für die Gestaltung meines Lebens geben? Die neue Reihe „Inspiration Christentum" beantwortet die zentralen Fragen des Lebens und erschließt den Schatz christlicher Spiritualität für Menschen der Gegenwart.

Johannes B. Brantschen
Warum gibt es Leid?
Die große Frage an Gott
Band 6056
Das Leiden unschuldiger Geschöpfe lässt sich nur schwer mit dem Glauben an einen guten und allmächtigen Gott vereinbaren. Was sagt Leid über Gott aus? Wie können wir mit der Erfahrung des Leids umgehen?

Anselm Grün
Mystik
Den inneren Raum entdecken
Band 6060
Die Suche nach dem inneren Raum, in dem Gott erfahrbar wird, die Sehnsucht nach der Entgrenzung machen die Faszination der Mystik aus. Eine praktische Anleitung von Anselm Grün.

Marjorie J. Thompson
Achtsamkeit
Vom Umgang mit der eigenen Seele
Band 6183
Die jahrhundertealte spirituelle Überlieferung des Christentums neu für Menschen der Gegenwart: von der Tagesrückschau über die geistliche Begleitung bis hin zur Gestaltung einer spirituellen Regel für das eigene Leben.

Auf dem Weg sein

Kurt Benesch
Die vier Wege nach Santiago de Compostela
Geschichte eines Schicksalswegs
Band 6034

Aus ganz Europa kommen Pilger seit Jahrhunderten nach Santiago. So sind vier große Wege entstanden, von Deutschland, Italien, der Schweiz und Nordeuropa kommend, die zum eigentlichen Jakobsweg führen. Kurt Beneschs Reisebegleiter schildert Geschichte, Idee und Gegenwart des Schicksalswegs.

Gernot Candolini
Im Labyrinth sich selbst entdecken
Band 5143

Ein uraltes Symbol ist das Bild des Labyrinths und des rettenden Lebensfadens, der zur Mitte führt. Wer seine spirituelle Kraft erkundet, wird zu sich selber finden.

Lee Hoinacki
Der Jakobsweg – ein spirituelles Abenteuer
Allein auf dem Pilgerweg nach Santiago de Compostela
Band 6047

Von Bremen nach Santiago de Compostela. Ein 65-Jähriger macht sich auf den Weg, allein und zu Fuß. Er wählt den uralten Jakobsweg. Seine Reise wird zum Abenteuer innerer Erfahrungen: Abtauchen in die Geschichte, Stille, Einsamkeit, elementaren Natur, Ahnung des Heiligen. Ein moderner Mensch entdeckt die Schätze des Pilgerns.

Andrea Schwarz
Die Sehnsucht ist größer
Vom Weg nach Santiago de Compostela. Ein geistliches Pilgertagebuch
Band 5756

Die Sehnsucht wachsen lassen. Aufbrechen, um heimzukommen. Andrea Schwarz hat sich auf den Weg nach Santiago de Compostela gemacht und über die vielen Begegnungen, Eindrücke und Erlebnisse ihrer wochenlangen Wanderung Tagebuch geführt – ein humorvoller und tiefgründiger Reisebericht über den Weg zum Ich und zu Gott.

Spiritualität für heute

Hans Küng
Vertrauen, das trägt
Spiritualität für heute
Hg. von Hermann Häring
Band 5373
Mut zur Wahrheit ist Kerntugend jeden Denkens. Und der Mut zur Freiheit gibt dem Vertrauen Kontur. Ein spannendes Lesebuch.

Anselm Grün
Bleib deinen Träumen auf der Spur
Buch der Sehnsucht
Band 5550
Sehnsucht ist der Anfang von allem. Anselm Grün inspiriert dazu, mit dieser Kraft der Seele in Berührung zu kommen. Wer auf die Stimme seines Herzens hört, dessen Leben wird sich verwandeln.

David Steindl-Rast
Fülle und Nichts
Von innen her zum Leben erwachen
Band 5653
Wie wir von innen her zum Leben erwachen, das ist das Anliegen von Steindl-Rast. Der inspirierende Klassiker des weltbekannten Autors. Über Liebe, Hoffnung, Vertrauen, Dankbarkeit, Muße und Kontemplation. Befruchtend und erhellend.

Pierre Stutz
Ein Stück Himmel im Alltag
Sieben Schritte zu mehr Lebendigkeit
Band 5980
Lebendig ist, wer auf seine Seele achtet: In diesem Klassiker zeigt Pierre Stutz konkrete spirituelle Übungen, um zur Quelle der eigenen Lebendigkeit zu finden – und so den Himmel in den Alltag zu holen.

Bibliothek der Spiritualität

Benedikt XVI.
Liebe
Entdecke, was dich leben lässt
Band 5952

Anselm Grün
Vertrauen
Spüre deine Lebenskraft
Band 5960

Dalai Lama
Mitgefühl
Öffne dein Herz
Band 5950

Dorothee Sölle
Mut
Kämpfe und liebe das Leben
Band 5949

Ilija Trojanow
Sehnsucht
Mach dich auf den Weg
Band 5956

Desmond Tutu
Versöhnung
Sei wahr und werde frei
Band 5954

Elie Wiesel
Hoffnung
Bleib dem Leben treu
Band 5951